내 이름 네이버에 벅벅 도배하기

내 이름 NAVER에 벅벅 도배하기

프롤로그_작가의 인사말

내 이름 네이버에 벅벅 도배하기:
온라인 개인 브랜딩의 모든 것

"이 사람 누구야?" 검색되는 순간, 당신의 인생이 달라진다.

벅벅

어느 날, 내 이름을 네이버에 검색해봤다. 내 이름 석 자를 입력하고 '엔터'를 눌렀을 때, 화면에 뜬 건… 아무것도 아니었다. 어디에도 내가 없었다. 수년간 열심히 일했고, 유명 출판사와 함께 책도 냈고, 언론 인터뷰도 했고, 수많은 컨설팅과 프로젝트를 이끌었지만… 정작 '인터넷 세상'에서는 내가 존재하지 않았다.

그날 밤, 나는 잠을 이루지 못했다. '내가 사라져도… 아무도 모를 수도 있겠구나.' 그 씁쓸한 감정은, 생각보다 오래 남았다.

그래서 시작했다.

"내 이름이 사라지게 하지 않겠다."

그 후 6년. 나는 인터넷신문을 만들고, 책을 쓰며, 강연도 하고, 브랜드를 만들면서, 무엇보다 네이버에 '검색되는 사람'이 되었다. 그리고 그 과정을 하나하나 거치며 깨달았다. 브랜딩은 거창한 기술이 아니라, 아주 단순한 싸움이라는 걸. 이름을 검색했을 때, '그 이름의 정체성'이 존재하느냐, 존재하지 않느냐. 결국 이것이 모든 것을 갈라놓았다. 그래서 이 책을 쓰기 시작했다. 처음엔 나 혼자 살아남으려고 정리했던 전략이었는데, 나중엔 동료가 묻고, 지인이 부탁하고, 후배들이 따라 하더니, 결국 이렇게 책으로 선보이게 되었다.

당신이 이 책을 펼친 이유도 알 것 같다. 아마 당신도, 이름이 사라지지 않게 만들고 싶어서일 것이다. 그리고, 언젠가는 그 이름이 '돈'과 '영향력'이 되기를 바라고 있을지도 모르겠다. 그렇다면 축하한다. 당신은 이제 '검색되지 않는 존재'에서 '찾아지는 브랜드'가 되는 여정을 시작하면 된다.

부디 이 책의 페이지마다 담긴 전략들이 당신의 이름을 '검색 결과'에 올려놓는 것은 물론, 당신을 '기억되는 사람'으로 만들어주길 바란다.

끝으로, 당신 이름이 누군가의 화면 위에 떠오르는 그날… 당신이 웃으며 이렇게 말할 수 있기를 바란다.

"이 모든 건, 단지 내 이름을 지우고 싶지 않아서 시작한 일이었다."

당신과 같은, 한 명의 이름으로 살고 있는 사람으로부터

최병석 드림

목차

프롤로그_작가의 인사말 · 6

제 1 부 |현실진단편|
검색하면 안 나온다고? 존재하지 않는 거다!

"내 이름 검색해 봤어?" 현실 폭망 테스트 · 16
네이버 검색 결과가 당신의 급을 결정한다 · 21
"이 사람 누구야?" 네이버·구글이 좋아하는 사람들 · 26
내가 아무리 대단해도, 검색 안 되면 소용없다 · 32
"나도 유명해질 수 있을까?" 브랜딩 가능성 체크리스트 · 36
지금 당장 내 이름을 도배해야 하는 이유 · 40
시작하기 전 알아야 할 온라인 브랜딩의 함정과 오해들! · 45
디지털 발자국의 가치: 당신의 온라인 자산 MAP 만들기 로드맵 · 49

제 2 부 |필수원칙편|
내 이름, 브랜드로 바꾸는 비밀 코드: 브랜딩 설계법

'듣보잡'에서 '검색어 1위'로 가는 필승 공식 '정체성' · 58
타겟 오디언스 분석: 나를 검색할 사람은 누구인가? · 65
네이버 위에 나의 키워드: 결국 네이버는 검색엔진이다 · 70
네이버 알고리즘 따윈 무시해! 내가 직접 내 로직을 만든다 · 77
검색되는 콘텐츠 공식: 핵심 가치 키워드 전략 · 83
디지털 아카이브 시스템: 관리란 없다, 한 번 세팅하면 그대로 쭉! · 89

제3부 |실전전략편|
네이버에 내 이름 도배하는 찐 비밀

가짜 유명인이 되는 법 vs. 진짜 영향력을 만드는 법 · 98
AI 활용하여 질문에 답변하면 저절로 찾아지는 정체성 키워드 도출 비법 · 103
온라인 프로필 최적화: 네이버 프로필, 스마트 플레이스, 인스타그램 · 112
네이버 인물정보 등록으로 '공식 인물' 되기 · 127
'연관검색어'에 내 이름 띄우는 편법 · 136
쉽게 가자! AI 활용 콘텐츠 제작법: 프롬프트의 마법 · 143
엄마! 나 신문에 나왔어요! 보도자료 및 신문 기사 작성법 · 173
단지 5개의 유튜브 영상으로 네이버 정복하기 · 180
네이버 지식인 활용법: 전문가로 인정받는 질문 답변 전략 · 189
꼼수 작렬! 네이버 블로그 최적화하는 법 · 198
정체 공개! 퍼스널 브랜딩 디지털 아카이브 시스템 퍼즐 맞추기 · 208

제4부 |시너지전략편|
이 정도로 만족 못하는 완벽이들을 위한 친절한 전략

오리지널 콘텐츠 제작 방법: 표절 없이 차별화하기 · 222
네이버 검색 트렌드 분석 및 활용법 · 230
검색 최적화 끝판왕: 카테고리와 태그 설정의 비밀 · 236
SEO까지 잡아야 게임 끝! 이미지·동영상 최적화 전략 · 243
구글 애널리틱스 & 네이버 애널리틱스로 브랜딩 성과 추적하기 · 249
시너지를 만드는 채널 활성화 & 광고 전략 3단계 · 259

제 5 부 |수익화편|
브랜드만 키우고 돈을 못 번다고? 수익으로 연결하기

브랜딩이 돈이 되는 원리: 그냥 유명하면 끝이 아니다 · 270
돈!돈!돈! 강의·컨설팅·출판으로 전문가 타이틀 거머쥐기 · 276
협찬·광고·기업 제안받는 퍼스널 브랜딩 운영법 · 283
팬덤 만들고 충성고객 확보하는 핵심 공식 · 290
브랜드 관리법! 네거티브·악플·평판 공격받으면 이렇게 조져라 · 297
'반짝스타'가 아니라 '영원한 브랜드'가 되는 법 · 305
내 이름이 '돈'과 '영향력'이 되는 순간! · 311

에필로그 · 318

부록

1. 핵심만 따로! 체크! 체크! 체크! · 324
2. 이런 실수는 피하세요! · 346
3. 실패를 반전시키는 실전 리커버리 8가지 전략 · 354
4. 『내 이름 네이버에 벅벅 도배하기』 31일 퍼스널브랜딩 챌린지 · 359
5. 『내 이름 네이버에 벅벅 도배하기』 31일 챌린지 자동알림 세트 · 378

내 이름 NAVER에 벅벅 도배하기

제 1 부 |현실진단편|

::

검색하면 안 나온다고? 존재하지 않는 거다!

"내 이름 검색해 봤어?" 현실 폭망 테스트

∴

상상해 보자.

소개팅에서 만난 상대방이 화장실 간 사이 몰래 당신 이름을 검색한다면? 직장 면접관이 당신이 떠난 뒤, 호기심에 당신 이름을 타이핑한다면? 혹은 오랜만에 만난 동창이 집에 돌아가 당신의 이름을 검색창에 넣는다면?

그 순간 그들의 얼굴엔 어떤 표정이 떠오를까? 흐뭇한 미소일까, 아니면 경악과 당황이 뒤섞인 표정일까? 아니면 애초에 아무것도 나오지 않아 마치 당신이 유령처럼 존재하지 않는 상황에 어리둥절할까?

이제 상상을 그만두고 현실로 돌아오자. 지금 바로 스마트폰을 꺼내 네이버와 구글에서 당신의 이름을 검색해 보라. 손끝 하나로 입력된 당신의 이름이 화면 위로 펼쳐지며 당신의 온라인 존재감의 진실이 적나라하게 드러난다. 그 작은 화면이 보여주는 결과는 당신의 인생과 운명을 좌우할 수도 있다.

아래의 체크리스트로 지금 당신의 온라인 현실을 정확하고 냉정하게 점검해 보자.

| 내 이름 검색 현실 폭망 체크리스트 |

☐ 내 이름을 검색하면 아무 정보도 없어서 귀신처럼 존재가 사라졌다.

☐ 내 이름 대신 동명이인의 화려한 인생만 눈부시게 펼쳐져 있다.

☐ 나를 발견하려면 검색 결과 3페이지 넘어서 깊은 우주까지 스크롤 해야 한다.

☐ 내가 차마 다시 보고 싶지 않은 졸업사진이나 술자리 흑역사가 유령처럼 나타난다.

☐ 내 이름으로 제대로 된 프로필 사진이나 공식 이미지를 찾을 수 없다.

☐ 나를 전문가로 인정해 줄 콘텐츠는 없고, 내 취미생활과 먹방 기록만 나온다.

☐ 내 SNS 계성은 전문가보다는 동네 친구들의 댓글로 가득한 놀이터

같다.
- ☐ 내 이름 검색과 함께 불쾌한 악플이나 부정적 이슈가 등장해 난감해진다.
- ☐ 내가 그토록 원하는 공식 인물정보는 전설 속 동물처럼 존재하지 않는다.
- ☐ 연관 검색어에 내 이름이란 건 아예 찾아볼 수도 없다.
- ☐ 간혹 나오는 정보조차 너무 오래된 것으로, 지금 내 현실과는 전혀 다르다.
- ☐ 전문성을 드러내기보다는 개인적인 잡담이 대부분을 차지한다.
- ☐ 간혹 보이는 내 사진이 흐릿하거나 퀄리티가 떨어져 나를 더 초라하게 만든다.
- ☐ 내 이름과 관련된 정보가 오타나 잘못된 정보로 가득하다.
- ☐ 내 이름을 검색했을 때 뜨는 콘텐츠가 불법 사이트나 이상한 광고 페이지로 연결된다.

이 리스트를 보면서 뒷목이 뻐근해진다면, 축하한다! 현실과 마주할 용기를 갖춘 것이다. 걱정하지 마라. 대부분의 사람들이 당신과 같은 처지다. 중요한 것은 문제를 인지했으니, 이제부터 해결하는 것이다. 이제 웃음기를 빼고 진지하게 이 문제를 하나씩 해결해 나갈 준비를 해야 한다.

| 결과 분석: 당신은 어떤 유형인가? |

- 0~3개: [존재감 제로형] 검색창은 당신의 이름을 아예 모른다. 지금 당장 긴급한 브랜딩 구조대가 필요하다.
- 4~7개: [흑역사 위험형] 존재는 있지만, 차라리 없는 게 나을 뻔했다. 이미지 긴급처치를 위한 전략이 필수적이다.
- 8~11개: [잠재력 있음형] 당신은 숨겨진 보석과 같다. 약간의 정성과 전략적인 접근만으로도 금방 반짝반짝 빛날 수 있다.
- 12~15개: [부정적 리스크형] 당신은 지나치게 많이 드러나 있어 오히려 위험할 수 있다. 지금 바로 온라인 평판 소방관을 호출하여 상황을 정리해야 한다.

| 폭망 진단 후 즉시 해야 할 필살기 |

- 부정적 콘텐츠를 신속히 처리하고, 긍정적인 이미지로 교체할 구체적인 전략을 세워라.
- 사람들의 기억에 뚜렷이 남을 핵심 키워드를 설정하고, 이와 관련된 콘텐츠를 만들어라.
- 브랜딩을 본격적으로 시작하기 전에 자신만의 핵심 가치를 명확히 정의하고 설정하라.
- 온라인 프로필을 정리하고, 전문적 이미지를 구축할 최신 사진과 자료를 준비하라.

이제 준비가 되었는가? 그런데 무엇부터 어떻게 해야 할지 좀 막막하지 않은가? 지금부터 시작하면 된다. 당신 이름이 검색창에서 당당히 빛날 그날까지 이 책이 당신의 든든한 가이드이자 최고의 전략서가 되어줄 것이다.

네이버 검색 결과가 당신의 급을 결정한다.
검색 1페이지에 없는 당신, 문제는?

∵

당신이 모르는 비밀을 하나 말해주겠다. 세상 사람들은 매우 편리함에 익숙해져 있다. 더 정확히 말하자면, '디지털 편의성'에 완벽히 길들여져 있다. 우리가 네이버에 검색어를 입력하고 얻는 결과가 무려 10페이지 이상 펼쳐져 있지만, 솔직히 말해보라. 당신은 검색 결과 몇 페이지까지 확인해 본 적 있는가? 첫 페이지, 그것도 상단 5개 링크 중 원하는 결과가 없으면 검색어 자체를 바꾸지 않는가? 때로는 한두 개의 결과만 보고도 더 이상 찾지 않는다.

통계에 따르면, 90% 이상의 사람들이 네이버 검색 결과 첫 페이지에만 집중하고, 두 번째 페이지 이후로는 절대 넘어가지 않는다. 즉, 네이버 검색 결과의 첫 페이지가 당신의 온라인 명함이며, 두 번째 페이지부터는 '안 보이는 곳'과 다름없다. 온라인에서 당신의 가치와 신뢰성은 오로지 첫 페이지에 존재하느냐의 여부에 따라 결정된다.

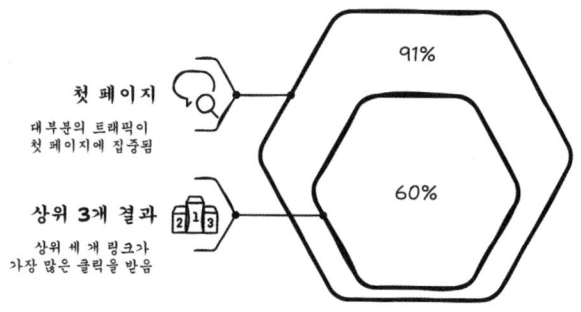

한 번은, 저명한 마케팅 컨설턴트인 김 대표가 대기업 임원 대상으로 강연 후 자신 있게 명함을 돌렸다. 참석자 중 한 명이 즉시 네이버에 김 대표의 이름을 검색했지만, 검색 첫 페이지는 동명이인의 요리 블로거나 골프 강사의 이름만 가득했다. 뛰어난 경력과 명성을 지닌 김 대표였지만, 불행히도 그는 그 순간 잠재적 고객의 마음속에서 '진짜 전문가'로 인정받는 기회를 놓쳤다. 왜냐고? 네이버 첫 페이지라는 '프리미엄 존'에서 보이지 않는 순간, 사람들의 기억에 새겨질 자격마저 잃어버렸기 때문이다. 김 대표는 나중에 이 사실을 알고 충격을 받아, 결국 수많은 시간과 자원을 투자해 온라인 프로필을 재정비해야 했다.

실제 본 저자 역시 특정 사람들에게 명함을 주는 대신 "네이버에서 최병석 강사를 검색해 보실래요?"라고 유도하는 경우가 있다. 그런 경우는 강사비나 사업비 관련 협상을 하려는 경우 먼저 선수를 치는 경우이다. 상대방이 스마트폰에서 나를 검색한 뒤에는, 왠지 더 이상 가격을 흥정하려 하기보다는 유명인을 대하는 눈빛으로 바뀌는 것을 종종 경험한다. 물론 강사비는 상한가로 낙찰되는 것은 덤이 된다. 말 그대로 네이버의 검색 결과가 나의 '급'을 결정하게 된 것이다. 요즘 초등학생들에게 장래희망을 물어보면 '네이버에 나오는 사람'이라는 대답을 하는 경우도 있다니, 그 영향력을 짐작할 수 있다.

검색 엔진 최적화 전문가인 브라이언 딘Brian Dean은 그의 웹사이트 Backlinko에서 발표한 2020년 검색엔진 최적화SEO 보고서를 통해, 검색 결과 첫 페이지에 노출되는 콘텐츠가 전체 클릭의 91%를 차지한다고 밝혔다. 더 놀라운 사실은, 첫 페이지 상단 3개 결과가 무려 전체 클릭의 60%를 독식한다는 것이다. 이것은 단순히 클릭 수의 문제가 아니라, 당신의 사회적 지위, 신뢰성, 그리고 실제 비즈니스 성과와 직결된 문제다. 같은 분야의 경쟁자들이 첫 페이지를 차지할 때, 당신은 그 경쟁에서 밀려나 고객과의 접점 자체를 상실하게 된다.

당신이 아무리 실력 있는 의사, 변호사, 강사, 혹은 사업가라도 네이버 첫 페이지에 등장하지 않으면, 사람들은 당신을 '진짜 전문가'로 생각하지 않을 수 있다. 디지털 시대에 살아가는 현대인에게 진짜 전문가란, 첫 페이지를 장악한 사람들 뿐이다. 나머지는 그저 '이름만 있는 평범한 사람'일 뿐이다. 실제로 많은 전문가들이 온라인 존재감을 무시하고 오프라인 실력만으로 승부하려다가, 디지털 시대에 적응하지 못해 점차 고객과의 접점을 잃어가는 현실을 마주한다.

자! 이제 선택할 시간이다.

당신의 이름이 네이버 첫 페이지를 차지하는 영광을 누릴 것인가, 아니면 두 번째 페이지 이후에 머무르며 주목받을 기회를 놓칠 것인가? 지금 첫 페이지에 오르지 못했다고 낙담하지 마라. 아직 늦지 않았고, 바로 지금이 당신의 진정한 가능성을 보여줄 최적의 순간이다. 네이버 첫 페이지에 올라선다면, 당신의 인생과 비즈니스에 엄청난 변화가 찾아올 것이다. 수많은 기회와 잠재적 고객, 파트너들이 당신을 찾고, 그들의 신뢰와 관심이 당신을 향해 몰려들 것이다.

앞으로 당신이 첫 페이지에 오를 수 있는 확실한 방법들을 단계적으로 설명할 것이다. 첫 페이지에 자리 잡는 순간, 당신은 평범함에서 특별함으로, 무명에서 유명으로 도약할 것이다. 네이버 첫 페이지라는 왕좌는 생각보다 가까운 곳에 있으며, 당신은 충분히 그 자리를 차지할 수 있다. 심지어 우리는 네이버 첫 페이지를 도배하게 될 것이다. 지금부터 그 꿈을 현실로 만들어 보자.

"이 사람 누구야?" 네이버·구글이 좋아하는 사람들

∷

아마도 친구와의 대화에서 이런 말을 들어 본 적이 있을 것이다.

"야, 그 사람 유명하더라? 네이버에 이름만 쳐도 바로 나오던데?" 혹은 "이 사람 누구지? 왜 갑자기 뜨지?" 사람들은 어느새 녹색 검색창의 결과로 누군가의 존재와 가치를 판단하는 시대에 살고 있다. 이 작은 검색창은 이제 당신의 사회적 신분증이 되어가고 있다.

자, 그러면 네이버와 구글은 과연 어떤 사람을 좋아할까?

놀랍게도 이 두 거대한 검색 엔진은 당신이 얼마나 잘났는지,

얼마나 뛰어난 능력을 가지고 있는지에 전혀 관심이 없다. 그들이 진정 관심 있는 것은 당신이 얼마나 명확하고 매력적인 '디지털 흔적'을 남기고 있는지가 중요하다.

네이버와 구글은 거대한 온라인 파티의 주인공들이다.
"누굴 초대하지?" 구글이 묻는다.
"가장 핫하고 흥미로운 사람들이 좋겠지!" 네이버가 웃으며 대답한다.

상상해 보라, 당신의 이름이 온라인 파티 명단 최상단에 적힌 모습을. 초대받기 위해서는 단순히 유명하거나 잘생긴 얼굴만으로는 부족하다. 의미 있고 가치 있는 콘텐츠로 사람들을 사로잡아야 한다. 재미있게 비유하자면, 이 파티에 초대받는다는 것은 디지털 시대의 셀러브리티가 되는 황금 티켓을 얻는 것이다.

콘텐츠 마케팅 권위자인 닐 파텔Neil Patel은 그의 베스트셀러 『Hustle』에서 이렇게 말한다. "검색 엔진이 좋아하는 사람은 규칙적으로 가치 있는 콘텐츠를 제공하고, 그 콘텐츠가 공유와 링크로 이어지게 하는 사람들이다." 실제로 그의 콘텐츠 전략을 적용한 기업들은 온라인 방문자 수가 급증하는 성과를 올렸다. 블로그에 유익한 글을 올리는 것뿐만 아니라, 사람들이 쉽게 이해하고 공유할 수 있도록 도와주는 재미있는 인포그래픽이나 짧고 유쾌한 동영상도 적극 활용하라고 그는 조언한다.

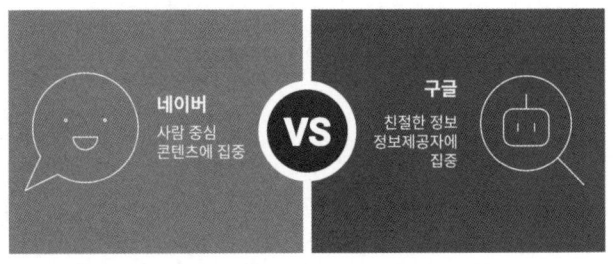

네이버와 구글은 당신의 콘텐츠가 얼마나 '친절한지'에 주목한다. 검색자가 당신의 콘텐츠를 보고 쉽게 이해하고 만족하며, 다른 사람에게 추천할 수 있어야 한다. 예를 들어 복잡한 금융 용어나 세법을 초등학생도 이해할 수 있게 풀어주는 블로거나, 일상적인 건강 상식을 만화로 재미있게 전달하는 유튜버들이 대표적인 성공 사례다. 또, 직장인이 출퇴근 시간에 가볍게 들을 수 있는 짧고 유익한 팟캐스트도 인기를 끌고 있다. 더 흥미

롭게 예를 들어보자면, 유명한 영화 속 명장면을 패러디해 어려운 개념을 설명하는 콘텐츠는 대중의 관심을 폭발적으로 끌 수 있다.

"그래서 대체 뭘 해야 하는 거지?" 당신이 궁금해할 것이다. 간단하다. 블로그, 유튜브, 인스타그램 등에서 꾸준히 사람들에게 도움이 되는 콘텐츠를 제공하면 된다. 그리고 잊지 말라, 친근하고 흥미롭게 접근할수록 좋다. 네이버는 사람 냄새나는 콘텐츠를 좋아하고, 구글은 친절한 정보 제공자를 선호한다. 요리법을 알려줄 때도 단순히 레시피를 나열하는 것이 아니라 요리 과정에서의 웃픈 실수담이나 가족과 함께하는 유쾌한 비하인드 스토리를 곁들이는 식이다.

또한, 네이버와 구글이 좋아하는 사람들은 꾸준히 소통하는 사람이다. "와, 댓글 하나하나 다 답글을 달아주네?" 사람들이 놀라워할 때 검색 엔진은 당신을 더 주목하게 된다. 적극적인 소통과 피드백이 늘어난다면, 당신의 콘텐츠는 자동으로 더 많은 사람들에게 추천될 것이다. 콘텐츠를 올린 뒤, 사람들의 반응을 기다리는 설렘과 재미를 직접 경험해 보라. 온라인 세상에서 당신은 곧 인기 스타로 자리매김하게 될 것이다.

마지막으로 네이버와 구글은 업데이트 빈도를 중요하게 여긴다. 주기적으로 콘텐츠를 제공하는 사람은 신뢰를 얻고, 신뢰를 얻은 콘텐츠는 상위에 노출되기 쉽다. 꾸준히 업데이트하는 사람들은 검색 엔진이 더 좋아할 수밖에 없다.

구분	네이버	구글
대상	한국 사용자, 로컬 콘텐츠 및 통합 생태계 중시	전 세계 데이터를 기반으로, 정보의 깊이와 품질 중시
평가기준	실시간 트렌드, 사용자 참여, 최신성 강조	콘텐츠 깊이, 백링크 품질, 기술적 SEO 요소 강조
플랫폼 특성	블로그, 카페, 동영상 등 다양한 플랫폼과의 연동	전반적 웹 존재감과 도메인 권위 강조

꾸준히, 의미 있게, 그리고 사람들에게 진정한 가치를 주는 콘텐츠를 만들어 가자. 그러면 언젠가 친구들이 말할 것이다. "야, 네 이름 네이버에 나오더라? 대체 어떻게 한 거야? 비결 좀 알려줘!"

그런데, 한 가지 실망스러운 것은 위와 같은 방법은 참 시간과 노력이 많이 들어갈 수밖에 없다는 것이다. 맞는 말인데 쉽지 않다는 것이 진실이다. 우리는 위 내용을 바탕으로 조금 쉽게 갈 수 있는 방법이나 노하우 그리고 몇 가지 꼼수를 통해 좀 더 원하는 결과에 도달할 수 있도록 하려고 한다. 그러기 위해서는 더더욱 기본을 충실히 알고 갈 필요가 있다. 다시 말하지만 어디든 지름길이 있다. 우리는 이 지름길을 개척해 나가려고 한다. 시간과 노력이 전혀 들어가지 않는다는 것이 아니다. 하지만 당신이 생각한 것보다 훨씬 빠른 시간 안에 지름길의 입구에 도달해 있을 것이다. 기대해 보시길….

내가 아무리 대단해도, 검색 안 되면 소용없다
이제부터 바뀐다

∴

"나는 검색 안 돼도 상관없어, 실제로 능력 있으면 사람들은 다 알아봐 주잖아." 이렇게 말하는 사람들, 아마도 쥐라기 시대에서 온 것이 분명하다. 앞서 말했듯 당신이 아무리 훌륭해도 온라인에서 찾을 수 없으면, 능력은 마치 냉장고 속 깊숙이 숨어 있는 초콜릿 케이크와 같다. 맛있지만 아무도 몰라주고 결국 유통기한이 지나버리고 만다.

실제로 역사적으로나 현실적으로나 뛰어난 재능이 있었음에도 세상에 알려지지 않은 인물은 수도 없이 많다. 반 고흐조차 살아 있을 때는 "어? 그 사람이 누구지?"라는 반응이 전부였다. 현대에서도 온라인에서 자신의 작품을 공유하지 않은 음악가는 "노래 좀 잘하는 옆집 형"으로 끝나버리는 경우가 허다하다. 하지만 디지털 시대인 지금, 이런 비극을 막는 방법은 간단하다. 그냥 온라인에 존재만 하면 된다!

"아니, 능력만 있으면 자연스럽게 뜨지 않을까요?" 당신이 이렇게 묻는다면, 내 대답은 "절대로 아닙니다!"이다. 예를 들어, 유명 온라인 마케터 이민석 강사. 강연장은 늘 초만원이고 그의 말 한마디에 사람들은 울고 웃지만, 정작 온라인에 검색하면 정체불명의 프로필 사진 하나뿐이었다. 결국 한 기업이 세미나 강사를 구할 때 온라인에서 찾지 못해, 강연 능력은 약간 떨어지지만 검색 결과가 화려한 옆 동네 김 강사를 섭외했다는 슬픈 전설이 있다.

반면에 온라인으로 이름을 떨친 사례도 많다. 흔한 대학생이던 유튜버 '신사임당'은 재미있게도 자신을 온라인에 "깜짝" 노출시키는 전략만으로 단숨에 경제 분야의 슈퍼스타가 되었다.

아이러니하게도 그는 경제학 박사 학위가 없었다. 그의 비결은? 단지 사람들이 검색했을 때 짜잔! 하고 나타났다는 것이다. 이 얼마나 멋지고, 얄미우면서도 신나는 이야기인가?

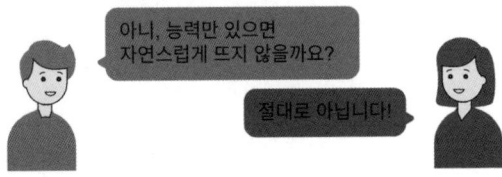

이제 중요한 진실을 깨닫자. 능력이 중요하지 않다는 말이 아니다. 능력은 당연히 있어야 한다. 그러나 그 능력이 온라인에서 발견되지 않으면 그냥 "인간 비타민"처럼 존재만 할 뿐이다. 사람들이 당신을 검색했을 때 발견할 수 있게 만들어야 비로소 진정한 빛을 발한다는 것이다.

그러니 이제 마음가짐을 바꿔보자. "나는 능력이 뛰어나기에 온라인에 없어도 된다"라는 오래된 사고방식을, "나는 능력이 뛰어나고, 이제 온라인에서 존재감을 터뜨릴 거야!"라는 멋진 태도로 업그레이드해라. 당신이 온라인에서 검색 가능해지는 순간, 당신의 능력은 마법처럼 빛나고 기회가 넘쳐날 것이다.

자, 이제부터 바뀐다. 깊은 곳에 숨겨둔 초콜릿 케이크 같은 당신의 능력을 세상이 먹어 치우도록 내놓자. 앞으로의 페이지에서 당신을 확실히 검색 가능한 인물로 만들어줄 명쾌한 방법들을 알려줄 것이다. 나를 어떻게 내놓을지에 대해 깊이 생각해 보는 시간을 만들어 갈 예정이다. 그리고 가장 효율적이고 효과적으로 보여줄 수 있는 방법을 함께 만들어 가 보도록 하겠다. 준비됐는가? 이제 당신의 능력을 세상이 발견할 차례다!

"나도 유명해질 수 있을까?" 브랜딩 가능성 체크리스트

∴

혹시 이런 생각을 해본 적 있는가? "유명해지고 싶긴 한데, 나 같은 사람이 가능할까? 내 이야기가 과연 사람들이 관심을 가질 만한 가치가 있을까?" 걱정하지 마라. 유명해지는 데 필요한 건 특별한 DNA나 특별한 운이 아니다. 중요한 것은 당신의 특별함과 꾸준함, 그리고 전략이다.

이제부터 과학적이고 현실적인 체크리스트를 통해 당신의 브랜딩 가능성을 정확히 진단해 보자. 솔직하게 체크하면서 당신의 가능성을 확인해 보자.

참고로, 아래의 체크리스트는 닐 파텔 『Hustle』(2016): 꾸준하고 가치 있는 콘텐츠 생산 및 공유, 데이비드 아커 『브랜드 자산 관리』(1991), 게리 베이너척 『크러싱 잇!』(2018), 《HubSpot 콘텐츠 마케팅 보고서》(2021~2023), Backlinko의 《SEO 콘텐츠 마케팅 보고서》(2020~2022)를 근거로 만들어졌으니 믿고 체크해 보길 바란다.

| 과학적 브랜딩 가능성 체크리스트 |

- ☐ 나는 전문 분야나 관심 분야에서 충분한 경험이나 지속적인 학습을 해왔다.
- ☐ 나는 내 분야에서 남들과 차별화된 특별한 기술이나 노하우를 갖고 있다.
- ☐ 친구들이나 지인들이 내게 특정 분야의 조언을 자주 구한다.
- ☐ 내가 관심 있는 주제로 콘텐츠를 꾸준히 생산할 자신이 있다.
- ☐ 사람들에게 흥미와 공감을 주는 이야기를 만드는 데 자신이 있다.
- ☐ 나는 대중 앞에서 말하거나 내 의견을 명확히 표현하는 것이 어렵지 않다.
- ☐ 나는 타인의 부정적 피드백조차 긍정적으로 받아들여 발전의 기회로 활용할 수 있다.
- ☐ 소셜미디어에서 활발히 활동하며 꾸준히 업데이트할 수 있는 시간과

의지가 있다.

- [ ] 나는 개인 브랜드의 방향성과 핵심 메시지를 구체적으로 설정할 수 있다.
- [ ] 나는 최신 트렌드와 이슈(예: 인기 있는 소셜미디어 챌린지, 유행하는 해시태그, 시의성 있는 뉴스 등)를 신속하게 캐치하고 나의 콘텐츠에 적용할 수 있다.
- [ ] 나만의 매력과 개성을 효과적으로 표현하는 방법을 알고 있다.
- [ ] 콘텐츠 제작과 관련된 기본적인 디지털 도구 활용 능력을 갖추고 있다.
- [ ] 나는 온라인상에서 사람들과 활발하게 소통하는 것을 즐긴다.
- [ ] 나는 주기적으로 내 콘텐츠의 효과를 평가하고 개선할 준비가 되어 있다.
- [ ] 나는 목표와 계획을 명확히 세우고 이를 꾸준히 실천할 수 있다.
- [ ] 다양한 플랫폼(예: 유튜브, 인스타그램, 페이스북, 블로그 등)에서 콘텐츠를 다양하게 변형하고 확장할 능력이 있다.
- [ ] 나는 새로운 것을 배우고 변화에 적응하는 데 두려움이 없다.
- [ ] 나는 명확한 타깃 오디언스를 설정하고 그들을 이해할 준비가 되어 있다.
- [ ] 온라인 평판과 위기관리를 위한 기본적인 전략을 세울 수 있다.
- [ ] 나는 장기적인 목표와 비전을 가지고 꾸준히 콘텐츠를 운영할 준비가 되어 있다.

| 진단 결과 |

- 0~5개 발견형: 아직 숨겨진 잠재력을 발견하지 못한 상태다. 하지만 걱정하지 마라. 브랜딩은 시작이 중요하다. 지금부터 전략적 접근과 함께 자신의 가능성을 탐색해 보자.

- 6~10개 잠재력형: 당신은 충분한 가능성을 가지고 있다. 조금 더 체계적인 전략과 약간의 노력이 더해진다면 성공적인 브랜딩을 이룰 수 있다. 바로 지금이 시작하기 가장 좋은 때다.

- 11~15개 유망형: 당신은 이미 상당한 준비가 되어 있다. 체계적인 전략과 꾸준한 활동만 있다면 빠른 시간 내에 온라인 브랜딩의 성공을 경험할 수 있다.

- 16~20개 완성형: 축하한다! 당신은 완벽한 브랜딩 조건을 모두 갖추고 있다. 지금 당장 콘텐츠를 만들고 사람들과 적극적으로 소통해라. 당신의 이름이 온라인에서 유명세를 얻는 건 시간문제다.

이 체크리스트를 마치고 나서 당신은 아마 놀랄지도 모른다.

"생각보다 내 가능성이 크잖아?"

맞다. 사실 브랜딩 성공의 열쇠는 이미 당신 손안에 있다.

이제 필요한 것은 시작하는 용기뿐이다.

지금 당장 내 이름을 도배해야 하는 이유
안 하면 손해 보는 것들

∴

 나는 지금까지 당신에게 현실을 진단할 수 있는 여러 질문을 했다. 당신은 결국 이 질문 앞에 다시 서 있다. "지금, 내가 왜 굳이 온라인에 내 이름을 도배해야 하지?" 이 질문에 이유를 손가락을 꼽아가며 답할 수 있겠는가? 당신의 커리어, 기회, 평판, 그리고 미래 수익에 직결되는 실질적인 물음이다. 그리고 나는 최종적으로, 그 질문에 '아니요'라고 대답할 수 없는 여섯 가지 이유를 아주 분명히, 그리고 단호하게 정리해 주겠다. 당신의 마음속에 쌓여 있던 '망설임'이라는 이름의 벽돌들을 하나씩 깨뜨리면서.

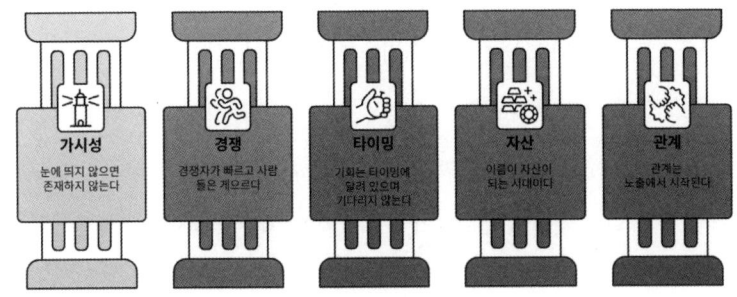

첫째. 진짜다! 눈에 띄지 않으면 존재하지 않는 것이다.

지금 이 순간에도 누군가는 당신이 하는 일과 똑같은 콘텐츠를 만들고, 블로그에 포스팅하고, 유튜브에 업로드하며, 이름을 브랜딩하고 있다. 당신은 여전히 "나는 실력으로 승부해"라고 생각할 수 있다. 훌륭하다. 그런데 실력은 찾을 수 있어야 쓸모 있다. 검색되지 않는 실력은 어두운 방 속의 다이아몬드다. 반짝이지 않는다. 그러니, 당신이 검색되지 않으면 시장은 당신을 넘어간다.

둘째. 경쟁자는 빠르고, 사람들은 게으르다.

사람들은 두 번째 페이지까지 검색하지 않는다. 첫 페이지,

그것도 상단 몇 줄 안에서 결정을 내린다. 당신의 이름이 그 리스트에 없다면, 당신은 선택지에서 사라진다. 실제로 어떤 강연자는 오프라인 평판이 아주 좋았다. 그러나 대기업 교육 담당자가 검색했을 땐, 블로그 하나 없었다. 대신 유튜브 영상이 3개 있는 다른 사람이 섭외됐다. 왜냐고? 그 사람이 보였으니까. 단지 그 이유다.

셋째. 기회는 타이밍이고, 타이밍은 기다리지 않는다.

사람들은 보이는 사람에게 기회를 준다. 브랜딩은 타이밍의 게임이다. 지금 당신이 올리지 않으면, 누군가에 의해 비슷한 내용으로 올라간다. 누가 더 뛰어난가가 아니라, 누가 먼저 사람들의 눈에 띄었는가가 중요하다. 후회는 대부분 이렇게 시작된다. "내가 그때 올렸더라면…." 하지만 그때는 돌아오지 않는다. 돌아오는 건 경쟁자의 성장 그래프뿐이다.

넷째. 이름이 자산이 되는 시대다.

당신의 이름은 곧 통장이다. 콘텐츠 한 조각이 사람들의 마음속에 꽂히면, 당신은 '그 분야의 사람'이 된다. 그 이후는 자연스럽다. 강연 요청, 협찬 제안, 책 출간, 컨설팅 계약. 단지 이름 석 자가 검색에 잘 노출된다는 이유로. 유튜브로 연 1억 원 수익을 올린 마케팅 전문가 A씨의 사례가 괜히 있는 게 아니다. 그가 가진 자산은 장비가 아니라 이름이다.

다섯째. 사람은 관계로 성장한다. 그리고 관계는 노출에서 시작된다.

사람들은 '보이는 사람'과 관계 맺기를 원한다. 당신이 보이지 않으면, 그들은 당신을 몰라본다. 당신의 이야기를 들을 기회조차 얻지 못한다. 그러나 검색에 당신의 이름이 등장하는 순간, 당신은 한 사람이 아닌, '하나의 장르'가 된다. 그렇게 사람들과 연결되고, 확장되고, 성장하는 것이다.

마지막으로 여섯째. 내 이름으로 도배 과정이 생각보다 어렵지 않다.

앞서 말한 이유를 실행하는데 너무 많은 노력과 시간이 들어간다면 많은 사람들이 쉽게 포기할 수도 있을 것이다. 하지만 당신이 생각하는 것보다 그 과정은 훨씬 쉽다. 그저 그 방법을 몰랐기 때문에 못하고 있을 뿐이다. 그리고 나는 당신께 그 길을 안내해 주기로 약속했다. 그러니 안 할 이유가 없지 않은가?

아직도 "지금도 고민돼요. 나 같은 사람도 가능할까요?"라고 묻는다면, 나는 자신 있게 이렇게 말하겠다. "당신은 이미 가능성을 갖췄다. 단지 그것을 보여주지 않았을 뿐이다."

그래서 지금, 당신의 이름으로 온라인을 도배해야 한다. 오늘 올린 한 줄이 내일의 기회가 되고, 오늘 만든 하나의 영상이 당신을 새로운 시장으로 이끌 수 있다. 행동하지 않으면 아무 일도 일어나지 않는다. 하지만 한 번만 올리면, 변화는 시작된다.

그러니 오늘, 구글과 네이버에 당신의 이름이 뜨게 하라. 검색 결과 1페이지에 당신의 이름이 나올 때, 세상이 당신을 다른 눈으로 보기 시작한다. 만약 지금도 망설인다면, 언젠가 이렇게 말하게 될지도 모른다.

"아… 그때 할걸 그랬어. 지금은 이름 검색해도 김치찌개 레시피밖에 안 나와…."

웃으며 시작하자. 당신의 이름이 진짜 레시피가 되는 그날까지.

시작하기 전 알아야 할 온라인 브랜딩의 함정과 오해들!
몰랐으면 어쩔 뻔!

∴

"그래, 이제 시작이다! 유튜브도 만들고, 인스타도 열고, 블로그도 다시 써야지!" 이렇게 다짐한 당신. 그러나, 잠깐. 브랜딩은 그렇게 단순하지 않다. 빛나는 계획 뒤에 숨어 있는 어두운 구덩이들이 있다는 걸 안다면, 지금처럼 흥분한 채 돌진하지는 않을 것이다. "성공은 단순한 돌진의 결과가 아니다. 그것은 맥을 짚고, 걸러내고, 함정을 피해 도달한 결과다."

첫째, 오해는 이것이다. "콘텐츠만 좋으면 된다."
좋은 콘텐츠는 당연히 중요하다. 그런데 말이나, 아무리 맛있는 요리를 만들어도 그걸 아무도 먹으러 오지 않는다면? 그건 요리가 아니라 혼잣말이다. 최고의 레스토랑이 간판 없이 숨어 있다면, 아무도 그 문을 열지 않는다. 콘텐츠도 같다. 노출되지 않으면 존재하지 않는다. 진실은 이렇다. '좋은 콘텐츠'는 기본이고, '잘 퍼뜨리는 능력'이 없으면 그건 그냥 일기다.

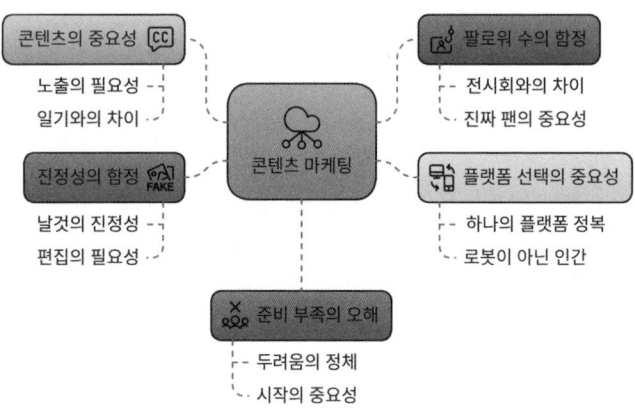

둘째, 함정은 "팔로워 수가 전부다."

많은 사람이 팔로워 수를 성공의 척도로 착각한다. 10만 팔로워가 있으면 성공한 거라고? 아니다. 10만 명이 구경만 하고 가면, 그건 전시회일 뿐이다. 반면, 1,000명의 진짜 팬이 있다면?

그들은 클릭하고, 공유하고, 구매한다. 브랜딩은 숫자놀음이 아니다. 반응이 전부다.

셋째, 오해는 "모든 플랫폼에 다 있어야 한다."
여기서 잠깐 생각해 보자. 당신이 하루 24시간을 쓰면서 인스타, 유튜브, 블로그, 틱톡, 페이스북, 오픈채팅방을 동시에 관리한다고? 그건 인간이 아니라 로봇이다. 처음부터 다 하려 하면 아무것도 남지 않는다. 당신에게 맞는 플랫폼 하나를 정복하는 것이, 모든 곳에서 겉도는 것보다 10배는 낫다.

넷째, 함정은 "있는 그대로 보여줘야 진정성 있다."
자, 진정성은 좋다. 문제는 '날것의 진정성'이 사람을 질리게 만든다는 거다. 우리는 고구마도 씻고 삶아서 먹는다. 콘텐츠도 마찬가지다. 편집은 가식이 아니라 배려다. 날것은 신선하지만, 다듬어진 날것은 오래 기억된다.

마지막 다섯째, 흔히 하는 말. "난 아직 준비가 안 됐어."
이 말의 진짜 정체는 '두려움'이다. 두려움을 '준비 부족'이라는 핑계로 포장한 것. 웃기지만 진짜다. 준비는 하면서 만들어지는 것이다. 시작한 사람이 결국 더 준비된 사람이 된다. 완벽을 기다리다 멈춘 사람보다, 불완전하게라도 시작한 사람이 결과를 가져간다.

그래서 지금, 이 책을 읽고 있는 당신은 두 갈래 길 앞에 서 있다. 눈 감고 돌진할 것인가, 눈뜨고 선택할 것인가. 이건 겁주기용 공포 영화가 아니다. 오히려 '예방 백신'이다. 함정을 알고 나면, 당신은 훨씬 멀리 간다. 기억하라. 브랜딩은 단순히 '보이는 것'이 아니라 '보이게 만드는 과정'이다.

이제, 당신은 그 과정을 제대로 시작할 수 있다.
무모함이 아닌, 전략으로. 착각이 아닌, 통찰로.

그리고 무엇보다도 — 두려움이 아닌 확신으로.
자, 이제 진짜 출발이다.

디지털 발자국의 가치:
당신의 온라인 자산 MAP 만들기 로드맵

∴

당신은 보물을 찾으러 떠나는 모험가다. 상상해 보라, 당신이 깊은 정글이나 사막 속에서 길을 잃었다면? 그 순간 가장 절실한 것은 무엇인가? 바로 정확한 지도, 즉 '보물 지도'다. 이 지도 하나로 당신은 길을 잃지 않고 원하는 목적지까지 안전하게 갈 수 있다. 온라인에서도 마찬가지다. 디지털 세상에서 당신이 남긴 발자국은 곧 당신의 보물이 된다. 그러나 이 보물을 제대로 활용하기 위해서는 명확한 온라인 자산 맵MAP이 필요하다.

디지털 발자국, 즉 당신이 온라인에 남긴 모든 정보와 콘텐츠는 앞으로 당신이 활용할 수 있는 엄청난 가치를 지닌다. 그런데 가만히 생각해 보면, "나는 온라인에 도대체 뭘 남겼지?" 하고 혼란스러워질 때가 있다. 이제 그 혼란을 끝낼 시간이다. 지금부터 구체적으로 당신만의 온라인 자산 지도를 만들어 보자.

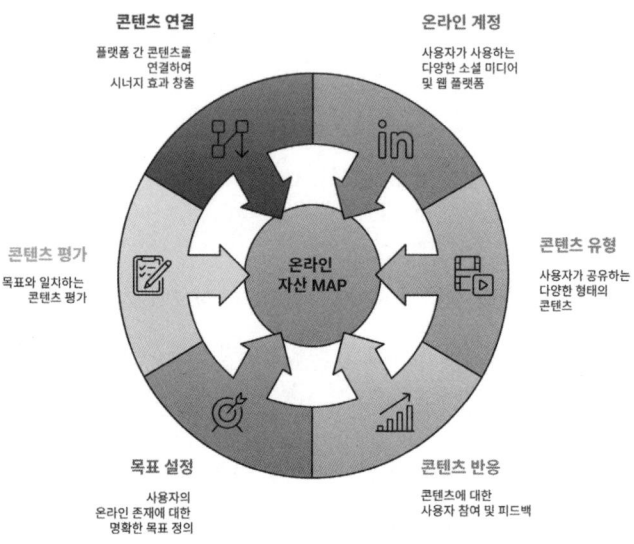

온라인 자산 지도는 먼저 재고 조사부터 시작해야 한다. 먼저 빈 종이나 노트를 준비하라. 가운데 큰 원을 그리고 그 안에 자신의 이름을 적는다. 그리고 이 원을 중심으로 여러 개의 선을 뻗어 각각의 선 끝에 당신이 사용하는 온라인 계정(예: 유튜브,

인스타그램, 블로그 등)을 적는다. 마치 나무의 가지가 뻗어나가는 것처럼 시각화하면, 당신의 온라인 세계가 한눈에 펼쳐지게 될 것이다.

당신이 현재 보유한 모든 온라인 계정을 빠짐없이 적어보라. 예를 들면 블로그, 페이스북, 인스타그램, 유튜브, 스레드, 밴드, 카페, 홈페이지, 카카오스토리 등 활성화는 안 되어 있어도 참 많은 계정들이 있을 것이다. 각 계정마다 게시글의 수와 업로드 여부, 게시글에 대한 반응률(좋아요, 댓글, 공유 수), 최근 게시글 업데이트 날짜 등으로 활동 정도를 명확하게 평가하고, 팔로워 수는 얼마나 되는지 적어보라. "헉, 생각보다 내가 많은 걸 갖고 있었구나!"라는 생각이 든다면, 당신은 이미 보물을 가진 사람이다.

이제 각각의 플랫폼 옆에 당신이 주로 어떤 콘텐츠를 올리고 있는지, 그리고 그것이 어떤 반응을 얻고 있는지 간단히 기록하라. 예를 들어 "유튜브-여행 브이로그 (좋아요 평균 5개)", "인스타그램 - 맛집 사진(댓글 평균 3개)"처럼 말이다.

다음으로 중요한 단계는 당신이 원하는 최종 목적지를 정하는 것이다. "나는 앞으로, 전문가로 인정받고 싶다"라거나, "나는 사람들에게 재미와 위로를 주는 콘텐츠를 만들고 싶다" 같은 명확한 목표를 설정하라.

목표를 설정했다면, 다음 표를 이용해 현재의 콘텐츠들이 그 목표와 얼마나 일치하는지 평가하고, 수정하거나 보완할 부분을 명확히 기록하라.

콘텐츠 유형 및 플랫폼	목표와의 관련성	수정 및 보완 방향
유튜브 여행 브이로그	중간	여행 전문성을 높이는 팁 추가
인스타그램 맛집 사진	낮음	개인경험 중심에서 전문적 리뷰로 전환
페이스북 일상 글	낮음	전문성과 관련된 팁이나 정보 추가
블로그 건강 정보	높음	더욱 심화된 전문 콘텐츠 제작

이제 가장 중요한 단계다.

당신의 콘텐츠 간의 연결성과 시너지를 계획하라. 예를 들어 유튜브에서 여행 브이로그를 업로드했다면, 블로그에서는 여행 일정을 상세히 정리한 가이드 형식으로 콘텐츠를 제작하고, 인스타그램에는 여행 중 찍은 멋진 사진이나 하이라이트 영상 클립을 공유한다.

또한 페이스북에서는 간략한 여행 후기와 함께 유튜브 링크를 제공하는 식으로 전략적인 연결을 만들 수 있다. 비즈니스 전문가라면 블로그에 전문 칼럼을 게재하고 이를 페이스북과 블로그에서 공유하는 식의 전략도 활용할 수 있다.

이렇게 하면 각 플랫폼의 특성에 맞는 다양한 형태로 콘텐츠를 재활용하면서 전체적인 시너지를 높일 수 있다. "아, 이렇게 하면 하나의 콘텐츠로 여러 가지 효과를 볼 수 있겠네!"라는 즐거운 깨달음을 얻을 것이다.

이 단계 이후에 반드시 해야 할 일은 콘텐츠의 반응을 살펴보고, 성과를 정기적으로 측정하고, 이를 통해 어떤 콘텐츠가 효과적인지, 또 어떤 콘텐츠를 더 개선할 수 있을지 분석하는 것이나. 이를 통해 시간이 지날수록 당신의 온라인 자산은 점점 더 정교하고 강력해질 것이다.

재고조사가 끝났다. 그리고 목표와 방향도 정했다. 그런가?
혹시 "참 쉽게 말하네?", "젠장, 머리로는 알겠는데, 막상 하려니 막막하네?" 이렇게 생각하고 있지는 않은가?

걱정할 필요 없다.
그래서 내가 있다고 하지 않았나.
만약, 당신이 블로그나 SNS를 전혀 운용하지 않아서, 온라인 자산 맵MAP을 체계적으로 정리할 수 없다고 하더라도 걱정할 필요는 없다. 오히려 하나하나 만들어가는 것이 더 쉬울 수 있다.

이제 당신은 한 계단 한 계단 안전하게 나의 안내를 받으면 된다. 원하는 것이 무엇인지 머리에 그려졌는가? 어렴풋하더라도 상관없다.

자, 그럼 이제 진짜 본격적으로 나와 함께 지름길을 찾아가 보자!

제1부 현실진단편 체크리스트

☐ 나는 네이버에 내 이름을 검색해 봤다.

☐ 검색 결과 1페이지에 내가 원하는 정보가 노출된다.

☐ 내 이름을 검색했을 때 나와 동명이인의 정보와 구분된다.

☐ 네이버·구글 모두에서 동일한 나의 정체성이 드러난다.

☐ 내 온라인 존재감이 지금보다 더 커져야 할 이유를 분명히 인식했다.

☐ 퍼스널 브랜딩이 왜 나에게 필요한지 명확히 이해하고 있다.

☐ 디지털 환경 변화에 따른 브랜딩 필요성을 납득했다.

☐ 나는 지금 '존재하지만 검색되지 않는 사람'임을 인정했다.

☐ 나의 디지털 발자국을 점검하고, 목록으로 정리해 보았다.

☐ 앞으로 도배 전략을 실천할 결심이 섰다.

내 이름 NAVER에 벅벅 도배하기

제 2 부 | **필수원칙편** |

::

내 이름, 브랜드로 바꾸는 비밀 코드: 브랜딩 설계법

'듣보잡'에서 '검색어 1위'로 가는 필승 공식 '정체성': 차별화 포인트 가이드

::

나는 사실 화려한 스펙을 가진 컨설턴트는 아니다. 한 번은 기업의 임원들을 대상으로 강연을 마친 후, 자신 있게 명함을 건넨 적이 있다. 참석자 중 한 명이 즉시 네이버에 내 이름을 검색했지만, 검색 결과 첫 페이지에는 동명이인의 대기업 부사장과 유명 로펌 변호사의 정보만 가득했다. 나름 내 직업과 성과에 자부심을 가지고 있다고 생각했는데, 그 순간 나는 잠재적 고객의 마음속에서 '진짜 전문가'로 인정받는 기회를 놓치고 만 것이다. 왜냐고? 네이버 첫 페이지라는 '프리미엄 존'에서 보이지 않는 순간, 사람들의 기억에 새겨질 자격마저 잃어버렸기 때문이다. 나는 그날의 그 경험이 지금 이 책을 쓰게 되는 계기가 되었다.

 실제로 많은 전문가들이 온라인에서 자신의 존재감을 드러내지 못해 기회를 놓치는 경우가 빈번하다. 특히 한국에서는 네이버가 주요 검색 엔진으로 사용되기 때문에, 네이버 검색 결과에서 자신의 이름이 어떻게 나타나는지는 매우 중요하다.

 당신은 왜 검색어 1위[01]가 되어야 할까? 단순히 유명해지고 싶은 허영심 때문이 아니다. 검색되는 사람은 신뢰를 얻고, 신뢰는 기회를 만든다. 기회는 곧 수익이자 영향력이다. 그리고 이 모든 출발점은 단 하나, 당신의 '정체성$_{identity}$'이다. 이 정체성은 단순한 자기소개가 아니다. 시장에서 당신이 누구로 인식되느냐를 결정하는 핵심 코드다. 사람들은 가장 강렬한 내가 아닌 나의 정체성을 기억한다.

 단언컨대, 퍼스널브랜딩, 아니 네이버에 내 이름을 도배하고

---

01 내 이름을 검색했을 때, 네이버 첫 페이지 상단에 등장하는 상태. 온라인 존재감의 최종 목표이자, 퍼스널 브랜딩의 성배

자 한다면, 이 정체성이 핵심 중의 핵심이다.

정체성이 중요한 이유는 단순하다. 인터넷 시대, 사람들은 당신을 보기 전에 먼저 검색한다. 당신의 이름을 검색했을 때 나오는 결과가 바로 당신의 가치다. 그런데 여기서 대부분의 사람들이 빠지는 함정이 있다.

'있는 그대로의 나'가 통할 거라는 착각이다. 현실은 반대다. 온라인에서 '보이는 나'가 전부다. 그리고 그 보이는 나는 전략적으로 설계되어야 한다. 그 첫 번째 설계가 바로 '정체성'이다.

정체성이란, 당신이 누구인지, 무엇을 할 수 있는지, 왜 특별한지를 단 한 줄로 요약한 것이다. 이 한 줄은 당신의 온라인 자산 전체를 이끌어가는 중심축이 된다. 유튜브, 블로그, 인스타그램, 심지어 네이버 인물정보까지—all roads lead to identity.

가령 당신이 "심리학 전공의 브랜드 디자이너"라면, 이 정체성은 감성적 설득력과 시각적 결과물을 동시에 기대하게 만든다. 반대로 "퇴사하고 사막에서 글 쓰는 전직 기획자"라면? 누군가는 미쳤다고 할 것이고, 누군가는 궁금해서 검색창에 이름을 치게 될 것이다. 검색어 1위의 시작은 바로 이 '궁금증을 유발하는 정체성'에서 출발한다.

하버드 비즈니스 리뷰HBR는 '차별화된 개인 브랜딩의 힘'이라는 보고서에서 이렇게 말한다. "개인의 정체성이 구체적이고 감정적으로 연결될수록, 시장은 그 사람을 기억한다." 브랜딩의 본질은 기억에 남는 것이다. 그리고 기억에 남으려면 평범함에서 탈출해야 한다.

그렇다면 어떻게 해야 정체성을 설계할 수 있을까? 다음 세 가지 질문에 대답해 보자.

- 내가 가장 열정을 느끼는 주제는 무엇인가?
- 사람들이 나에게 반복해서 물어보는 질문은 무엇인가?
- 나만의 경험, 배경, 특이점은 무엇인가?

이 세 가지가 교차하는 지점이 바로 당신의 브랜딩 정체성이다. 예를 들어, '대기업 인사팀 출신 커리어 코치'는 평범한 설명이다. 하지만 '사람을 떨어뜨리던 내가, 이제는 합격시킨다'는 식의 반전 스토리는 단숨에 사람의 시선을 붙잡는다. 여기서 핵심은 단순히 직업을 나열하는 것이 아니라, 이야기와 감정을 담는 것이다.

브랜딩 전문가 윌리엄 아라야William Arruda는 말한다. "강력한 퍼스널 브랜드는 일관성, 차별성, 진정성으로 구성된다." 정체성은 이 세 가지를 모두 품어야 한다. 그리고 그것은 단지 한 줄로 끝나는 것이 아니라, 모든 콘텐츠, 소개 글, 강연 제목, 책 제목, 이메일 서명에 반복되고 또 반복되어야 한다. 사람들은 반복되는 메시지에 익숙해질 때 비로소 그 사람을 '그런 사람'으로 인식한다.

정체성은 브랜딩의 출발점이자, 나침반이다. 콘텐츠를 만들 때도, 인터뷰할 때도, 강연을 제안받을 때도, 항상 스스로에게 물어야 한다. "이건 내 정체성과 연결되는가?" 정체성이 없는 브랜딩은 목적지 없는 항해와 같다. 반대로 정체성이 분명한 사람은, 언제 어디서든 일관된 메시지를 전달하며 신뢰를 만든다.

이제 다시 묻는다. 당신은 누구인가?
당신의 이름이 검색될 때, 사람들은 무엇을 떠올리게 될까?

그 답을 단 한 줄로 말할 수 있을 때, 당신은 더 이상 듣보잡이 아니다. 당신은 '검색할 만한 사람'이 되었고, 그 순간부터 당신의 인생은 달라지기 시작한다.

나를 표현하는 2~3개의 단어로 이루어진 정체성 키워드는 나를 내가 원하는 곳으로 데려다주는 마법의 양탄자가 된다. 사실 나는 내가 진행한 컨설팅이나 코칭 과정에서 고객의 정체성 키워드를 만들어주기 위해 부단히 노력하고 있다. 그리고 여러 강연과 강의에서 많은 사람이 한꺼번에 이 정체성 키워드[02]를 찾을 수 있도록 시도하고 있는 중이다. 하지만 실패하는 경우가 많다. 적어도 생성형AI가 세상에 나오기 전까지….

---
02 "나"를 단 2~3개의 키워드로 요약한 나만의 브랜딩 좌표

눈치를 챘는가? 그렇다. 나는 이제 누구나 자신의 정체성 키워드를 손쉽게 찾는 법을 손에 쥐었다. 그리고 그것을 당신께 소개할 예정이다. 일단, 여기서는 나의 정체성이 나의 퍼스널브랜딩 과정의 가장 근간을 형성한다는 사실만 기억하길 바란다.

타겟 오디언스 분석: 나를 검색할 사람은 누구인가?

∴

당신은 당신을 검색할 사람을 알고 있는가? 아니, 더 정확히 말하자면, 당신의 이름을 검색하게 만들 사람을 '정확히' 알고 있는가? 대부분의 사람들은 여기서 멈춘다. 정체성을 정의하고 나면, 마치 모든 준비가 끝났다고 생각한다. 하지만 브랜딩의 진짜 게임은 이제 시작이다. 정체성이 당신의 이야기를 결정한다면, 타겟 오디언스는 그 이야기를 누구에게, 어떤 방식으로 전달할지를 결정한다. 이 둘은 뗄 수 없는 쌍둥이 구조다.

귀농 3년 차 오 대표는 블로그에 매일 삭눌 재배 일지를 올렸지만, 조회수는 늘 제자리였다. "왜 아무도 내 글을 안 볼까?" 고민하던 그는 콘텐츠를 '농업인 일기'가 아닌 '도시인에게 전하는 시골살이 꿀팁'으로 바꾸기 시작했다. 얼마 후 조금씩 변화가 생기기 시작했다. 귀농귀촌을 꿈꾸는 도시 직장인들이 댓글을 달기 시작했고, 질문이 달리기도 했다. 지역 신문사로부터 인터뷰 제안까지 오더니 농장 방문 문의까지 들어오기 시작했다. 타겟을 바꾸자 검색되는 사람이 된 것이다. 농사도 브랜딩도, 결국 팔 사람을 알아야 팔린다.

사람은 자신의 욕망이 이미 존재할 때만 반응한다. 브랜드는 그 욕망의 불씨를 발견하고 키워주는 역할을 해야 한다. 당신의 콘텐츠, 당신의 존재, 당신의 브랜딩은 그 욕망과 만날 준비가 되어 있는가?

자, 상상해 보자.

당신이 '퇴사 후 지방에서 농장을 운영하며 에세이를 쓰는 30대 여성'이라는 정체성을 가졌다고 해보자. 그렇다면, 당신의 타겟 오디언스는 누구인가? 지방 창업을 고민하는 또래 여성일 수도 있고, 도심 생활에 염증을 느끼고 '되사'를 꿈꾸는 직상인일 수도 있다. 핵심은 '당신이 누구인지'가 아니라, '누가 당신을 통해 자신의 미래를 그릴 수 있는가?'다.

타겟 오디언스를 설정할 때 가장 흔한 실수는 '모두에게 말하려는' 것이다. 모두를 대상으로 하면, 누구에게도 도달하지 못한다. 브랜딩은 확산이 아니라 집중이다. 당신의 이야기를 듣고, 가슴이 뛰고, 검색창에 당신의 이름을 치는 그 사람. 그 사람 한 명을 상상해야 한다.

그렇다면 어떻게 그 사람을 구체화할 수 있을까? 다음 네 가지 질문이 핵심이다:

- 내 콘텐츠를 가장 필요로 할 사람은 누구인가?
- 그 사람은 어떤 문제를 겪고 있으며, 어떤 욕망을 가지고 있는가?
- 그 사람은 평소에 어떤 플랫폼을 사용하고, 어떤 언어를 쓰는가?
- 내가 전하려는 메시지가 그 사람의 '현실'에 얼마나 닿아 있는가?

이 질문들을 기반으로 만들어지는 오디언스의 프로필은 마케팅 용어로 '페르소나$_{persona}$'[01]라 불린다. 허구지만 구체적이고, 상상 속 인물이지만 전략의 중심이 된다. 혁신적인 마케팅 자동화 플랫폼 HubSpot에 따르면, '페르소나 기반 콘텐츠 마케팅은 타겟의 반응률을 최대 2배 이상 끌어올린다'고 한다. 당신의 콘텐츠가 클릭 되길 바란다면, 누가 그 손가락을 움직이는지를 알아야 한다.

예를 들어, 당신이 '초보 작가를 위한 글쓰기 코치'라면, 단순히 '글을 쓰고 싶은 사람'이 아니라 '글을 쓰고 싶지만 막막하고, 혼자 끙끙대는 30~40대 직장인'까지 좁혀야 한다. 그리고 그 사람이 자주 쓰는 단어, 고민하는 시간대, 자주 들여다보는 채널을 생각하라. 그래야 콘텐츠가 그들의 눈에 띄고, 당신의 이름이 검색된다.

정체성은 내 안에서 출발하지만, 오디언스는 내 바깥에서 완성된다. 브랜딩은 혼잣말이 아니다. 그것은 '누군가가 듣고 싶

---
01 '가면'이라는 뜻을 가진 라틴어로, 심리학적으로는 타인에게 파악되는 자아 또는 자아가 사회적 지위나 가치관에 의해 타인에게 비치는 성격

은 말'을 내가 가장 나답게 전달하는 기술이다. '나의 언어'로 '그들의 욕망'을 읽어주는 사람, 바로 그 사람이 검색어 1위가 되고, 네이버의 첫 페이지를 지배하게 된다.

이제 다시 물어보자.
당신은 누구에게 말하고 있는가?
그리고 그 사람은, 오늘 당신을 검색할 준비가 되어 있는가?

당신의 콘텐츠가 단지 흘러가지 않고, 누군가의 가슴에 박히기 위해서. 그 이름을 검색창에 치게 만들기 위해서. 지금 당신이 가장 먼저 해야 할 일은, 그 '한 사람'을 정면으로 마주 보는 것이다.

나의 타겟 오디언스를 결정하는 것 역시, 나의 정체성을 설정하는 것만큼 의미 있는 일이다. 그렇다고 우리는 내 오디언스가 나를 찾아올 때까지 기다리지는 않을 거다. 오히려 내가 찾아가는 전략으로 그 시간을 앞당길 전략을 사용할 필요가 있다.

네이버 위에 나의 키워드: 결국 네이버는 검색엔진이다

∴

"그림 작가인데요, 왜 제 그림은 사람들이 안 보죠?"

온라인 포트폴리오를 막 개설한 일러스트레이터 한 분을 컨설팅할 때였다. 나는 물었다.

"그림 설명에 어떤 키워드를 넣었나요?"

그녀는 당황했다.

"음… '오늘의 감정', '내가 본 꿈' 같은 말이요."

바로 그게 문제였다. 그녀는 예술적이었지만, 네이버는 예술가가 아니다. 나는 조언했다.

"'일러스트', '웹툰작가', '감성 그림' 같은 키워드를 넣어보세요. 사람들이 실제로 검색하는 키워드를 사용하셔야 합니다."

그녀는 바꿨다. 그림 제목을 "오감형 감성 일러스트 – 이별 후 그리는 마음"으로, 태그는 '감정 드로잉', '일러스트레이터 포트폴리오', '감성 아트', '오감 감성'으로 바꾸었다.

그리고 놀라운 일이 생겼다. 일주일 만에 콜라보 제안이 들어왔고, 일러스트 의뢰 문의가 들어왔다. 그녀가 웃으며 말했다.

"검색되는 단어를 쓰기 시작한 순간, 저를 찾는 사람이 생겼어요."

사람들은 종종 착각한다. 네이버는 포털이라고. 뉴스도 나오고, 블로그도 있고, 쇼핑도 되고, 카페도 있으니까. 하지만 본질은 단 하나다.

네이버는 검색엔진이다. 다시 말해, 네이버는 '정보를 분류하고 연결해서 보여주는 시스템'일뿐이다. 그들은 당신을 돕지 않는다. 단지 '알고리즘에 맞게 세팅된 정보'만 보여줄 뿐이다.

이 말이 왜 중요하냐고? 당신이 아무리 좋은 콘텐츠를 써도, 그 콘텐츠가 검색되지 않으면, 존재하지 않는 것과 같다. 이것은 감성의 문제가 아니라 구조의 문제다. 즉, 당신의 메시지가 아무리 강력해도, 도달하지 않으면 존재하지 않는다.

그러니 우리는 이 구조를 이해해야 한다. 네이버의 본질은 '연결'이다. 키워드와 키워드를 연결하고, 사용자와 콘텐츠를 연결하고, 질문과 답을 연결한다. 검색엔진은 데이터를 읽고, 패턴을 인식하고, 사용자의 행동을 기록해서 결과를 보여준다. 즉, 네이버는 사람보다 '데이터의 흐름'을 신뢰한다.

그렇다면 여기서 질문이 생긴다. "나는 어떻게 내 콘텐츠를 이 흐름 속에 태워 보낼 수 있을까?" 답은 간단하다. 키워드다.

정체성이 나의 본질을 정의한다면, 키워드는 나의 문을 여는 손잡이다. 타겟 오디언스가 검색창에 입력하는 그 '단어'가 당신의 정체성과 연결되어야 한다. 당신이 아무리 뛰어난 브랜딩 전문가라도, '브랜딩'이라는 단어로 연결되지 않으면 당신은 검색되지 않는다.

예를 들어보자.

'퇴사 후 지방에서 카페 창업을 한 브랜딩 전문가'라는 정체성을 가진 사람이 있다고 하자. 그가 타겟 오디언스를 '지방 이주 창업 희망자'로 설정했다면, 반드시 콘텐츠에 '지방 창업', '브랜딩', '퇴사 후 창업' 같은 키워드가 반복적으로 노출되어야 한다. 그래야 네이버가 그를 '그런 사람'으로 인식하고 연결한다.

네이버는 사람의 마음을 읽지 못한다. 대신, 사람의 '검색어'를 분석한다. 어떤 키워드가 몇 번, 어디에, 어떻게 쓰였는지를 토대로 콘텐츠의 주제를 파악한다. 즉, 당신이 쓰는 단어 하나하나가 당신의 '존재'를 증명한다. 그래서 콘텐츠에는 반드시 타겟 오디언스가 실제로 검색할 법한 말을 써야 한다. '감성 글귀' 대신 '퇴사 후 브랜딩', '직장인 글쓰기', '초보 창업 노하우' 같은 구체적인 키워드 말이다.

여기서 한 가지 팁. 당신의 콘텐츠에 키워드를 넣는다고 해서 무조건 노출이 되는 건 아니다. 네이버는 단순 반복이 아니라 '맥락 있는 반복'을 좋아한다. 즉, 억지로 욱여넣는 키워드보다, 자연스럽게 내용 속에 녹아든 키워드가 더 오래 살아남는다. 네이버의 알고리즘은 이제 꽤 똑똑하다.

키워드가 본문 제목과 첫 문단, 중간 소제목, 마지막 요약에 자연스럽게 포함된 콘텐츠는 검색 유입률이 평균 48% 더 높다. 구조를 아는 사람이 게임에서 이긴다.

그런데, 중요한 문제는 네이버도 돈을 벌어야 한다. 그리고 그들은 '키워드'를 통해 수익을 창출한다. 네이버의 가장 중요한 수익모델은 '광고모델'이다. 그리고 그 광고모델 중 검색을 통한 광고 수익이 높은 비중을 차지한다. 검색을 통한 광고 수익은 결국 '키워드' 장사라 할 수 있다. 그 때문에 네이버에서 검색되는 좋은 키워드는 비싸다.

예를 들어보자.

'아이폰'은 네이버 광고에서 가장 비싼 광고료가 책정된 키워드 중의 하나이다. 그럼, 네이버에 고가의 광고료를 내고 '아이폰'이라는 키워드를 검색하면 노출되도록 한 스마트폰 판매회사가 있고, 아무 광고도 안 하지만 블로그에 '아이폰'이라는 키워드로 양질의 콘텐츠를 마구 올리는 스마트폰 판매회사가 있다고 생각해 보자. 과연, 네이버는 누구를 먼저 노출시켜줄 것인가?

맞다. 광고비를 지불한 사람이 우선이 될 수밖에 없다. 그래서 키워드 전략이 중요하다. 인기 있는 키워드는 설령 내가 노출되더라도 금세 다른 사람으로 바뀌기 쉽다. 그래서 키워드 선점 전략이 중요하다.

나는 당신께 역발상의 방법을 제안할 것이다. 네이버는 검색엔진이기 때문에 어느 정도 취사선택은 가능할지라도 가능한 다양하고 많은 정보를 노출해야 한다는 점을 이용해야 한다. 그래서 나의 키워드를 선정하는 방법이 중요해진다.

나의 정체성을 나타내는 나의 키워드가 네이버의 검색 로직을 역이용한 방법으로 선점할 수 있다면 언제든 나의 키워드를 검색하는 순간 변함없이 내가 원하는 내용이 노출되도록 구성하는 것이 핵심이다.

이제 당신은 선택할 수 있다. 네이버라는 거대한 시스템 앞에서 '보이지 않는 사람'으로 남을 것인지, 아니면 그들의 알고리즘을 '내 편'으로 삼을 것인지. 중요한 건, 우리가 네이버를 바꿀 수는 없어도, 네이버가 원하는 방식으로 나를 보여줄 수는 있다는 사실이다.

정체성, 오디언스, 그리고 키워드. 이 세 가지가 정확히 연결될 때, 당신은 단지 검색되는 사람이 아니라, '찾게 되는 사람'이 된다. 그리고 그 순간, 네이버는 당신의 무대가 된다.

기억하라. 네이버는 검색엔진을 기반으로 한다. 그래서 네이버는 알고리즘이다. 그리고 알고리즘은 당신의 전략을 기다리고 있다.

네이버 알고리즘 따윈 무시해!
내가 직접 내 로직을 만든다

::

"제가 명함이 다 떨어져서 그러는데, 네이버에 '최병석대표'라고 검색해 보실래요?"

가끔 나는 나를 좀 세게 보여주고 싶을 때 네이버 검색을 유도한다. 내 이름은 '최병석'이다. 네이버에 검색하면 내가 아닌 동명이인의 또 다른 최병석이 검색된다. 그런데 나는 그 최병석을 네이버상에서 이길 수 없을 것 같다고 생각했다. 그래서 그 다음부터는 '최병석대표'로 콘텐츠를 생산하기 시작했다. 그리고 지금은 '최병석대표'로 검색하면 나의 인물정보가 가장 먼저 노출이 된다. 문제는 대표들 중에도 나와 같은 이름을 가진 대표가 제법 나타나고 있다는 것이다. 그래서 난 추가로 '최병석강사'라는 키워드를 키우기 시작했다.

그리고 이제 네이버나 구글에 '최병석강사'라는 키워드를 입력하면 첫 페이지 맨 꼭대기부터 마지막까지 검색 결과 한 페이지 전부를 내 이름으로 도배하는 결과가 나타난다.

이쯤에서 솔직히 말해보자. '네이버 알고리즘'이라는 말만 들어도 괜히 어깨가 무거워지고, 기세등등한 로봇 군단에 내가 감히 대적할 수 있을까 싶어 주눅이 든다. 하루에도 수백만 개의 콘텐츠를 분류하고, 가중치를 매기고, 누가 더 위에 올라갈지 냉정하게 판단하는 그 시스템. 언뜻 보면, 그건 거대한 룰의 탑이고 우리는 그 아래에서 복불복을 외치는 사용자처럼 느껴진다.

당신이 시장을 조종할 수 없다면, 시장의 흐름을 설계하라.
우리는 네이버 알고리즘을 바꿀 수는 없다. 하지만 그 알고리즘이 좋아하는 패턴과 행동을 '기획'할 수는 있다. 더 나아가, 우리가 그 로직에 끌려가는 게 아니라, 우리가 '보여주고 싶은 방향'대로 알고리즘이 움직이도록 '유도'할 수 있다. 이건 해킹이 아니다. 이것은 구조에 대한 '이해'를 바탕으로 한 전략이다.

네이버는 똑똑하다. 하지만 네이버는 감정을 읽지 못한다. 맥락은 이해하지 못한다. 그저 '일정한 패턴'과 '데이터 흐름'에 반응할 뿐이다. 예를 들어, 같은 키워드라도 일정한 주기로, 유사한 구조로, 연결된 문맥 속에 반복해서 등장하면 네이버는 그것을 '신뢰할 수 있는 정보'라고 인식한다. 그래서 '좋은 글'이 아니라 '계속 나오는 글'이 강하다.

당신이 원하는 정체성과 키워드를 정했다면, 이제는 그것이 꾸준히 '반복적으로, 다양한 채널에서, 일정한 간격으로' 노출되도록 설계해야 한다. 이게 바로 '내 로직을 만드는 방법'이다. 나는 성격이 급하다. 아마 당신도 빨리 원하는 결과가 가시권에 들어오길 원할 것이다. 그래서 나는 '내 로직을 만드는 방법'에 약간의 꼼수를 추가하여 속도를 붙일 생각이다. 이 역시 다음 장, 실전전략편에서 설명하게 된다. 너무 조급해하지 않길….

우리는 네이버의 내부 알고리즘을 정확히 알 수 없다. 하지만 네이버가 선호하는 행동 패턴은 확인할 수 있다. 그것은 크게 3가지다.

첫째, '연결성'이다. 하나의 키워드가 블로그 글, 지식인 답변, 스마트스토어, 인스타그램, 카페 등 다양한 채널에서 동일하게 반복된다면 네이버는 그것을 '연관성 있는 신뢰도 높은 콘텐츠'로 인식한다. 그래서 당신의 키워드는 하나의 플랫폼에 묻히면 안 된다. 플랫폼 사이를 '넘나들며' 살아 있어야 한다.

둘째, '주기성'이다. 예측할 수 있는 간격으로 콘텐츠가 업데이트되면 알고리즘은 그것을 '지속적인 활동'으로 간주한다. 즉, 매주 같은 요일, 같은 시간대에 키워드 중심 콘텐츠가 올라오는 것은 단순한 규칙이 아니라 전략적 포석이다. 이 주기성은 '신뢰'라는 이름의 가중치를 부여한다.

셋째, '반복성'이다. 같은 사람이 같은 메시지를 일관되게 전달할수록 알고리즘은 그것을 '정체성'으로 인식한다. 그래서 당신이 네이버에 보이고 싶은 모습은 한번 잘 써서 끝나는 글이 아니라, 여러 번, 다양한 방식으로 되풀이되어야 한다. 이는 반복이 아니라 '브랜딩'이다.

자, 이제부터는 질문을 바꿔보자. "네이버가 나를 어떻게 평가할까?"가 아니라, "나는 네이버가 나를 이렇게 보도록 어떤 신호를 보내고 있는가?"로. 이 질문이 바뀌는 순간, 당신은 더 이상 룰을 해석하려는 플레이어가 아니라, 룰을 설계하는 설계자가 된다.

그럼, 예를 하나 들어보자.
'퇴사 후 브랜딩 전문가'라는 정체성을 가진 당신이 있다. 이 정체성에 부합하는 키워드를 중심으로, 매주 블로그에 '퇴사 후 브랜드 만들기 팁'을 연재하고, 인스타에는 '퇴사 일지' 느낌의 짧은 글귀를 올리고, 유튜브에는 퇴사 후 일과 브이로그를 올린다.

이 모든 콘텐츠에는 '퇴사', '개인 브랜드', '브랜딩', '직장인 독립'이라는 키워드가 꾸준히 반복된다. 그러면 4주 뒤, 네이버는 당신을 어떻게 인식할까? "아, 이 사람은 퇴사 후 브랜딩에 진심이군. 계속 나오네." 바로 그 순간, 알고리즘은 당신을 중심으로 작동하기 시작한다.

결론은 이렇다. 알고리즘은 우리가 만드는 것이다. 물론 룰은 우리가 정할 수 없다. 하지만 '반응할 수밖에 없는 패턴'을 만드는 것은 우리의 몫이다. 그리고 이 패턴이 정체성과 오디언스, 키워드와 연결되는 순간! 알고리즘은 당신을 피해 갈 수 없다.

이제, 당신의 로직을 설계하라. 알고리즘 따위는 신경 쓰지 마라. 중요한 건, 당신이 만든 흐름에 네이버가 따라오게 만드는 것이다.

당신의 메시지를 네이버의 구조 위에 자연스럽게 얹을 수 있다면, 이제 당신은 단순한 콘텐츠 생산자가 아니라, 검색 구조의 '설계자'가 된다.

검색되는 콘텐츠 공식: 핵심가치 키워드 전략

::

 나는 이론과 실제를 다르지 않다는 것을 경험하면서 살아왔다. 이론은 현상을 정리해서 만들어진다. 그래서 그때는 '이론=현실'이었다. 하지만 연구자들이 현실에서 멀어지고, 현실은 이론을 가까이하지 않아 그 간격이 생겼을 뿐이다. 그래서 먼저 현실을 안 후에 이론을 적용하면 목표를 달성하는데 몇 배, 몇 십 배 빨라지고 쉬워진다.

 지금까지 정체성과 타겟 오디언스, 키워드, 알고리즘을 이해해 왔다면 이제는 이 모든 것을 실제 콘텐츠에 '어떻게' 담아야 하는지 알아야 할 차례다. 우리는 흔히 이렇게 묻는다. "어떻게 써야 검색이 잘 되죠?" 이 질문에는 두 가지 감정이 뒤섞여 있다. 하나는 순수한 궁금증, 다른 하나는 절박한 생존의 몸부림이다.

이제부터 그 답을 알려줄 차례다. 그 답은 단순한 테크닉이 아니라, '검색되는 콘텐츠의 원리'에 있다. 그리고 이 원리는 우리가 흔히 놓치고 있는 것, 바로 '핵심가치 키워드'[01]에 뿌리를 두고 있다.

핵심가치 키워드란, 당신이 전달하려는 '메시지의 본질'과 타겟 오디언스의 '검색 언어'가 교차하는 지점을 말한다. 다시 말해, 내가 전하고 싶은 메시지가 '이야기'라면, 핵심가치 키워드는 그것을 '검색할 수 있는 형태'로 번역해 주는 역할을 한다. 소비자는 정보를 원하지 않는다. 그들은 변화를 원한다. 그 변화는 검색에서 시작된다.

그럼, 먼저 재미있는 실험 하나를 소개해 본다. 구글의 소비

---

01 정체성과 오디언스의 욕망이 교차하는 검색어. 검색되는 콘텐츠는 이 키워드로 시작하고, 이 키워드로 완성된다

자 행동 분석 리포트에 따르면, 사람들은 무언가를 '사고 싶을 때'보다, '바꾸고 싶을 때' 더 자주 검색한다고 한다. 예를 들어, "좋은 마이크 추천"보다 "유튜브 음질 좋아지는 법"이 더 많이 검색된다. 똑같은 대상이지만, 사람들은 기능보다 '변화'를 검색한다.

이걸 콘텐츠에 적용하면 어떻게 될까? 당신이 브랜딩 전문가라면, "개인 브랜딩 전략"보다 "직장인 퇴사 후 나만의 브랜드 만들기"가 더 검색된다. 이유는 단순하다. 전자는 정보고, 후자는 변화이기 때문이다. 핵심가치 키워드란 바로 이 변화를 상징하는 문장이다.

HubSpot과 Moz의 공동 연구에 따르면, 클릭률[02] CTR이 높은 콘텐츠의 공통점은 '구체적인 상황'과 '변화의 방향'을 포함하고 있다는 것이다. 예를 들어 "퇴사 후 창업 성공기"보다 "퇴사 후 3개월, 매출 100만 원 만든 내 노하우"가 훨씬 더 클릭을 유도한다. 사람들은 '나와 비슷한 상황'을 발견하고, '내가 바라는 결과'를 미리 체험해 보고 싶어 한다.

---

02 사람들이 콘텐츠를 봤을 때 실제 클릭한 비율. 제목이 좋을수록 CTR이 높다

자, 이제 구조를 이야기해 보자. 검색되는 콘텐츠는 크게 3단계 구조로 되어 있다.

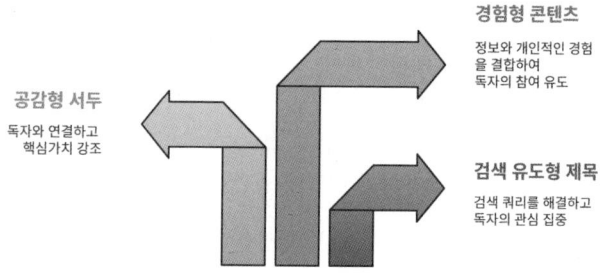

:: 1단계: 검색 유도형 제목[03]

사람들은 검색창에 두 가지 유형의 질문을 던진다. 하나는 '문제 해결형'(ex. "퇴사 후 뭐 하지?"), 다른 하나는 '정보 탐색형'(ex. "브랜딩 방법"). 검색 유도형 제목은 이 두 가지 질문을 '당신이 이미 알고 있다'는 느낌으로 되돌려준다. 예: "퇴사 후 불안한 당신, 브랜딩으로 돌파하는 3가지 방법."

:: 2단계: 공감형 서두 + 핵심가치 키워드 노출

글의 시작은 공감에서 시작해야 한다. "당신처럼 나도 퇴사

---
03 검색창에서 바로 클릭을 유도하는 제목 공식

후 마막했어요."라는 한 문장이 '이건 내 얘기다'를 만든다. 그리고 바로 이어 핵심가치 키워드를 자연스럽게 등장시킨다. 예: "결국 나를 살린 건 '개인 브랜드'라는 키워드였죠."

:: 3단계: 경험 + 적용형 콘텐츠

검색엔진은 '정보'를 좋아하고, 사람은 '경험'을 좋아한다. 그래서 가장 강력한 콘텐츠는 '정보를 경험으로 포장한 것'이다. 실제 사례, 숫자, 변화의 전후를 구체적으로 보여줄수록 콘텐츠는 살아난다.

예를 들어, 단순히 "브랜딩은 중요하다"라는 말 대신 "퇴사하고 첫 3개월, 나는 블로그에 매일 글을 썼다. 그리고 내 이름을 검색했을 때, 7번째 줄에서 첫 번째로 올라왔다." 같은 경험은 훨씬 강하게 각인된다.

여기서 중요한 건 반복이다. 핵심가치 키워드는 콘텐츠마다 형태를 달리해 반복되어야 한다. 하나의 키워드가 다양한 콘텐츠에서, 다양한 구조로, 다양한 감정으로 계속 노출되면 알고리즘은 그것을 '중요한 정보'로 인식한다. 그리고 사람들은 그것을

'당신의 색깔'로 받아들인다.

    정리하자. 검색되는 콘텐츠는 테크닉이 아니다. 그것은 정체성과 오디언스를 바탕으로, 핵심가치 키워드를 중심에 두고 설계된 '이야기'다. 그 이야기가 검색되는 순간, 사람은 검색 결과를 클릭하고, 당신을 기억하고, 다시 찾는다.
    그러니 기억하라. 사람들은 정보를 찾는 것이 아니라, '변화를 꿈꾸며' 검색한다. 그리고 당신의 콘텐츠가 그 변화를 말해주는 순간, 키워드는 단어가 아니라 '다리'가 된다.

    그 다리 끝에 당신이 서 있어야 한다.

디지털 아카이브 시스템:
관리란 없다. 한 번 세팅하면 그대로 쭉!

∶∶

"박사님, 블로그를 하긴 해야겠는데… 매일 쓰는 건 너무 벅차요."

작은 수공예 브랜드를 운영하던 진 대표는 늘 지쳐 보였다. 블로그도, 카카오스토리도, SNS도, 스마트스토어도 손대고 있었지만, 일관성이 없었다.

"진 대표님, 대표님을 설명할 단어 세 개만 정해봐요. 예를 들면 '자연', '손맛', '힐링' 같은 것으로."

"음… '자연', '슬로우', '감성' 어때요?"

"좋아! 그럼, 앞으로 대표님의 모든 채널에 그 세 단어를 박아 넣는 겁니다."

나는 진 대표에게 블로그 소개 글, 인스타 프로필, 스토어 상품 설명까지 같은 키워드를 넣고, 대표 콘텐츠 세 개만 제대로 세팅하라고 조언했다. 3개월 후, 진 대표는 이렇게 말했다.

"놀랍게도, 요즘은 제가 뭘 안 올려도 검색으로 찾아오는 분들이 생겨요."

브랜딩은 매일의 '업데이트'가 아니라, 처음의 '설계'였다.
브랜딩이 중요하다는 소리는 참 많이 들었을 것이다. 콘텐츠도 계속 꾸준히 써야 한다고 한다. 그런데 이걸 언제까지 끝도 없이 써야 할까?
이 질문을 듣는 순간 나는 항상 웃음이 먼저 나온다. 왜냐하면 이건 마치 누군가에게 "매일 냉장고 정리하나요?"라고 묻는 것과 비슷하기 때문이다. 냉장고는 정리하는 게 아니라 '정리된 채로 유지되게' 세팅하는 것이다. 디지털 브랜딩도 마찬가지다.

핵심은 반복 관리가 아니라, 처음부터 변하지 않을 구조로 세팅하는 것.

내가 말하는 '디지털 아카이브[01] 시스템'은 단순한 콘텐츠 정리 시스템이 아니다. 이것은 당신의 정체성과 키워드를 축으로 모든 인터넷 채널을 하나의 브랜딩 리플렛처럼 구성하는 전략이다. 이 시스템의 강력한 점은, 한 번 세팅하면 거의 바꿀 일이 없다는 데 있다. 왜냐고? 당신의 '핵심 키워드'는 변하지 않기 때문이다.

시장은 변하지만, 사람의 욕망은 변하지 않는다. 우리는 새로운 콘텐츠, 새로운 트렌드를 쫓지 않아도 된다. 오히려 변하지 않을 '핵심가치'를 중심으로 구조를 설계해야 한다. 그 중심이 바로 '디지털 아카이브 시스템[02]'이다.

당신의 디지털 자산을 이렇게 정리해 보자. 인스타그램, 블로그, 브런치, 유튜브, 스마트스토어, 네이버 인물정보, 구글 프

---

[01] 소장품이나 자료 등을 디지털화하여 한데 모아서 관리할 뿐만 아니라 그것들을 손쉽게 검색할 수 있도록 모아 둔 파일 또는 집합체
[02] 내 이름으로 연결되는 모든 온라인 자산을 하나의 구조로 정리한 '디지털 브랜딩 리플렛'. 관리가 아니라 세팅이다

로필, 링크트리, 그리고 뉴스 기사나 출간 이력까지. 이 모든 채널이 '하나의 브랜딩 책자'처럼 일관되게 보여야 한다. 그리고 그 중심에는 당신의 키워드가 있어야 한다.

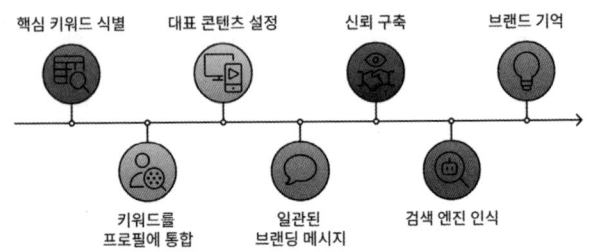

자, 핵심은 이것이다. 이 모든 채널에 같은 구조, 같은 톤, 같은 키워드를 적용하는 것이다.

예를 들어, 당신이 '퇴사 후 브랜딩 전문가'라는 정체성을 갖고 있다면:

- 블로그: 상단 프로필에 "퇴사 후 브랜딩 전략가" 명시 + 관련 키워드 중심 포스트 3개 고정
- 인스타그램: 바이오에 "퇴사한 당신의 브랜드 코치" + 통일된 해시태그 퇴사 브랜딩 개인 브랜드
- 유튜브: 채널 아트에 슬로건 명시 + 영상 제목에 키워드 반복 삽입

- 페이스북: 모든 채널 연결 + 첫 줄 소개 문구 통일

이 시스템을 구축하면 어떤 일이 벌어지는가? 어떤 채널에서 당신을 발견하든, 사용자는 같은 메시지를 받는다. 이는 곧 '신뢰'를 만든다. 그리고 검색엔진은 '일관된 키워드 흐름'을 인식한다. 즉, 당신의 브랜딩이 인간과 알고리즘 모두에게 '기억되는 구조'로 자리 잡게 되는 것이다.

브랜드 일관성이 높은 사람은 그렇지 않은 사람보다 3배 이상 더 많은 문의와 협업 요청을 받는다. 이건 감각의 문제가 아니다. 구조의 문제다.

이제 중요한 질문. "이걸 어떻게 하면 쉽게 만들 수 있을까?" 여기 3단계 노하우를 공개한다.

:: 1단계: 나만의 불변 키워드 3개 선정하기

예: '퇴사', '브랜딩', '직장인 독립'

이 키워드는 내 브랜딩의 기준이자 디지털 모든 채널의 공통 언어가 된다. 이 키워드는 나와 함께 AI를 활용해서 선성하게

될 것이니 걱정은 붙들어 매 놓아도 좋다.

:: 2단계: 모든 채널의 상단 프로필/소개/아트/타이틀에 키워드 반영하기

이건 반복 작업이 아니라, 한 번의 구조 세팅이다. 이 작업으로 나를 처음 접하는 누구에게든 '이 사람은 이 키워드의 사람'이라는 인식을 남기게 된다. 이 역시 가이드라인을 함께 제공할 테니 돈 워리!

:: 3단계: 각 채널에 대표 콘텐츠 3개씩 배치

이건 자산이다. '검색되기 위한' 콘텐츠가 아니라, '내 정체성을 말해주는 대표작'이다. 이 3개만 제대로 설계하면, 당신은 어떤 채널이든 자신 있게 공유할 수 있게 된다.

이제 모든 채널은 '나'라는 주제 아래 정리된 하나의 이야기책이 된다. 디지털 브랜딩은 정리의 기술이 아니라, 연결의 기술이다. 그 연결이 자연스럽고 탄탄할수록, 당신은 '검색되는 사람'이 아니라 '기억되는 사람'이 된다.

그러니 기억하자. 관리란 없다. 반복도 없다. 처음부터 구조가 있으면, 시스템은 당신 대신 일한다. 그리고 그것이 진짜 브랜딩이다.

| 제2부 필수원칙편 체크리스트 |

- ☐ 나만의 '정체성 한 줄 소개'를 만들었다.
- ☐ 내가 타겟으로 설정한 오디언스를 명확하게 정의했다.
- ☐ 나의 핵심 키워드 3개를 도출해 냈다.
- ☐ 이 키워드로 검색했을 때 나의 콘텐츠가 노출될 수 있도록 계획했다.
- ☐ 나의 정체성과 키워드, 타겟이 서로 연결되어 있는지 점검했다.
- ☐ 알고리즘이 아닌 나의 전략에 따라 로직을 설계하고 있다.
- ☐ 반복해서 사용할 수 있는 '콘텐츠 구조'를 정리했다.
- ☐ 내 디지털 아카이브 시스템을 구상하고, 필요한 채널을 선정했다.
- ☐ 모든 플랫폼에서 동일한 정체성과 키워드가 유지되도록 설정했다.
- ☐ 내 브랜딩은 '한 줄로 설명 가능한가?'에 자신 있게 'YES'라고 답할 수 있다.

내 이름 NAVER에 벅벅 도배하기

제 3 부 |**실전전략편**|

::

네이버에 내 이름 도배하는 찐 비밀

가짜 유명인이 되는 법 vs 진짜 영향력을 만드는 법

::

 한 번쯤 이런 사람을 본 적 있을 것이다. SNS 팔로워 수는 수만 명인데, 좋아요는 12개. 블로그 구독자는 5천 명인데, 댓글은 "잘 보고 갑니다~" 한 줄. 심지어 유튜브 조회수는 꽤 나오지만, 댓글은 2년째 정지 화면이다. 이른바 '가짜 유명인'이다.

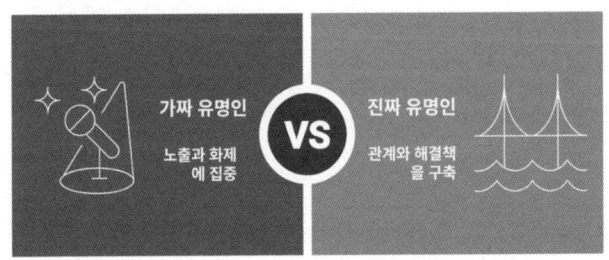

그들은 있어 보이지만, 실제로는 아무도 관심 없는 존재다. 네이버에 이름은 뜨는데, 클릭은 없다. 클릭은 있는데, 체류는 없다. 체류는 있어도, 전환은 없다. 이건 이름만 커 보이는 풍선처럼, 한순간 터져버리는 유명세다.

그렇다면 반대로 '진짜 영향력 있는 사람'은 어떤가?

팔로워 수는 그리 많지 않아도, 그 사람의 글을 보면 멈춰서 읽는다. 블로그 방문자는 적지만, 한 번 들어온 사람은 스크롤 끝까지 내린다. 유튜브 영상 하나에 구독자가 10명 늘고, 강의 요청 메일이 온다. 이게 바로 '전환이 일어나는 유명세', 진짜 영향력이다.

사람들은 당신의 메시지를 소비하는 게 아니라, 그 메시지를 통해 자신의 문제를 해결하려 한다. 진짜 영향력은 바로 여기서 나온다. 사람들의 문제를 해결하고, 그들이 '자발적으로' 나를 다시 찾게 만드는 것. 이건 외형이 아니라, 구조의 문제다.

그렇다면, 당신은 어떤 유명인이 되고 싶은가?

자, 이제부터 구체적인 전략을 이야기해 보자. 진짜 영향력을 만드는 사람과 가짜 유명인을 나누는 핵심은 '어디에 힘을 쓰느냐'에 있다. 다음은 진짜와 가짜를 구분하는 결정적 기준들이다.

1. 가짜는 노출을, 진짜는 관계를 만든다.

가짜 유명인은 조회수, 팔로워, 구독자 수를 올리는 데 집중한다. 반면 진짜는 그 숫자들이 '사람'인지 확인한다. "누가 봤는가?" "그 사람은 왜 봤는가?" "다시 올 것인가?"에 집중한다. 유입이 아니라 '인연'을 설계한다.

2. 가짜는 화제를, 진짜는 해결책을 만든다.

센세이셔널한 말, 도발적인 이미지, 낚시형 제목으로 잠깐 눈길을 끄는 것. 이것은 주목은 받아도 신뢰는 주지 못한다. 반면 진짜는 콘텐츠 속에 '명확한 해답'을 넣는다. "이 글을 읽고 나면 뭘 할 수 있는가?"가 중요하다. 실제로 해결 중심 콘텐츠는 공유율이 평균 2.4배 더 높다.

3. 가짜는 자신을 키우고, 진짜는 세계를 만든다.

가짜 유명인은 '나'라는 이름을 키우는 데 집중한다. 진짜는 자신을 중심으로 세계를 만든다. 팔로워가 아니라 팬덤[01]을 만든다. 팬덤은 상호작용하고, 스스로 콘텐츠를 전파하며, 브랜드를 입소문 낸다. 이때 핵심은 '참여 가능성'이다.

그렇다면, 당신이 지금 당장 할 수 있는 구체적인 전략은 무엇일까?

첫째, 검색되는 콘텐츠에 '실행 가능한 정보'를 담아라.

당신이 전하는 콘텐츠 안에 독자가 따라 할 수 있는 액션이 들어가야 한다. "그럴 수도 있어요"가 아니라 "이렇게 하면 됩니다."

둘째, 콘텐츠마다 '호흡'을 달리해라.

짧은 콘텐츠(30초 릴스, 짤, 카드뉴스)와 긴 콘텐츠(블로그 포스팅, 인터뷰 영상)를 전략적으로 섞어라. 검색엔진은 길이에 따라 다른 사람을 끌어당기고, 다양한 접점을 만들어낸다.

---

01 유명인이나 특정 분야를 지나치게 좋아하는 사람이나 그 무리

셋째, 반복보다 '연결'을 설계하라.

진짜 영향력은 콘텐츠 간 연결에서 나온다. 블로그 글에서 유튜브로, 유튜브에서 인스타로, 인스타에서 스마트스토어로 흐르도록 모든 콘텐츠에 링크, 태그, 키워드를 엮어두어라. 이 연결고리가 있을 때, 당신은 '브랜드 생태계'를 만들 수 있다.

그리고 무엇보다 중요한 것.
당신은 이제부터 숫자가 아니라 사람을 보아야 한다.
검색되기 위해 콘텐츠를 만드는 것이 아니라, 기억되기 위해 구조를 설계해야 한다. 사람들이 당신을 찾아 검색하게 만들고, 다시 찾아오게 만드는 것. 이것이 바로 진짜 영향력이다.

한 줄로 요약하자면 이렇다.
"조회수는 살 수 있지만, 진심은 검색된다."

이제 당신 차례다. 진짜로 남을 것인가, 가짜로 지나갈 것인가? 답할 필요 없다. 왜냐하면 우리는 이제부터 진짜를 만들기 시작하기로 했다

AI 활용하여 질문에 답변하면 저절로 찾아지는 정체성 키워드 도출 비법

∴

드디어 때가 되었다. 앞에서 당신을 궁금하게 했던 '정체성 키워드' 이제 찾아내는 법을 배울 때이다. 만드는 것이 아니라 찾아내는 것이다. 사람은 인생을 살아오면서 수많은 선택을 한다. 오른쪽? 왼쪽? 먹어? 말아? 등 그때마다 선택에 영향을 미치는 것이 '가치'이다. 영어로 가치는 'value'이다. 그럼, 가치의 복수형인 'values'는 무슨 뜻인지 아는가? 바로, '가치관'이다. 즉, 나의 선택을 결정짓는 가치들의 우선순위체계를 가치관이라 한다. 그중 가장 영향력이 높은 가치를 '핵심가치'라 한다. 나의 정체성은 바로 이 '핵심가치'를 찾아내는 것이다. 앞서 언급한 바와 같이 나는 이 핵심가치를 찾아 정체성을 확고히 하는 작업을 사람들에게 해 주고 싶었다. 그리고 이제는 생성형 AI 덕분에 가능해진 것이다.

"나는 누구인가?" 이 질문이 거창하게 들릴 수 있다. 그러나 온라인 브랜딩에서 이 질문은 철학이 아니라 전략이다. 더 정확히 말하자면, 이 질문에 '검색어'로 답할 수 있을 때, 당신의 이름은 브랜드가 된다.

정체성 키워드는 당신이 세상과 만나는 첫 언어다. 누군가가 당신을 검색하기 위해 입력할 단어, 네이버와 구글이 당신을 분류할 근거, 콘텐츠가 정체성을 중심으로 엮일 수 있는 '핵'이 되는 단어. 그런데 놀랍게도, 이 중요한 키워드를 대충 정하는 사람들이 꽤 많다. 그냥 "나는 작가야", "나는 컨설턴트야" 정도로 말이다.

하지만 진짜 키워드는, 단어가 아니라 구조다. 사람들은 상품을 사는 것이 아니라, 자기 자신의 욕망을 사는 것이다. 당신의 정체성 키워드도 마찬가지다. 단순한 자기소개가 아니라, 타인의 문제를 해결해 줄 수 있는 '자기다움의 구조화된 표현'이어야 한다.

그러면, 이 키워드를 어떻게 찾아야 할까? 바로 지금부터, AI를 활용한 질문-답변 방식으로 '당신의 핵심 키워드'를 도출하는 방법을 안내하겠다. 이건 그냥 재미로 하는 성찰 놀이가 아니다. 이건 검색되는 브랜딩의 출발점이다.

:: 정체성 키워드 도출을 위한 정체성 진단 질문

- 당신이 좋아하는 취미는 무엇인가?
- 당신의 성격을 잘 나타내는 단어 3개는 무엇인가?
- 당신이 가장 가치 있다고 생각하는 단어 2가지는?
- 당신의 철학 또는 인생의 좌우명은 무엇인가?
- 당신이 가장 잘한다고 생각하는 기술 또는 지식은?
- 지금까지 살아오면서 가장 몰입했던 순간은 언제였는가?
- 당신은 어떤 일을 하고 있는가?
- 당신이 도와주고 싶은 사람은 누구인가?
- 당신은 왜 이 일을 하는가?
- 당신이 자랑할 만한 대표 상품 및 서비스는 무엇인가? 아니면 하

고 싶은 것은?
- 당신이 자랑할 만한 능력 또는 기술은 무엇인가?
- 당신이 없으면 세상이 어떤 손해를 볼까?

모두 12개의 질문이다. 이 질문에 대한 대답을 지금까지 살아온 내 삶을 되돌아보면서 답변을 하길 바란다. 좀 더 확실한 정체성 키워드를 도출하기 위해서는 내가 하고자 하는 것을 생각하며 대답을 해 보길 바란다.

답변에 대한 가이드라인을 제공하자면, 취미는 당신의 일이나 목표와 관련된 취미를 생각해 보면 좋겠다. 성격 단어는 급하다, 까칠하다, 완벽주의다 등 당신을 잘 표현한 단어를 3개 이상 적어보길 바란다. 가치 단어 역시 사랑, 우정, 명예 등 내가 세상에서 가장 가치 있다고 생각하는 단어를 떠올려 보라. 철학이나 좌우명의 경우는 내가 반드시 지키고 싶은 원칙이나 고집을 생각해 보길 바랍니다. 잘하는 기술이나 지식 역시 나의 일과 목표와 관련해서 생각해 보길 추천한다. 가장 몰입했던 순간은 인생 전체를 통틀어 가장 열정적으로 몰입했던 순간을 생각해 내길 바란다. 왜 이 일을 하는가의 경우는 조금 구체적으로 고민해 주길 바란다. 상품과 서비스의 경우는 현재 하고 있는 일과 관련해서 대표 상품과 서비스를 대답하면 되는데 계획 중인 것이나 미래의 목표에 대해 대답하는 것도 괜찮다.

이 12가지의 질문은 당신의 정체성 키워드를 도출하는 정보로 활용된다. 그러니 진지하게 작성해 보길 강력히 추천한다.

자! 그럼, 이제 ChatGPT와 같은 생성형 AI에 위의 당신의 대답과 함께 아래의 프롬프트를 복사-붙여넣기 해서 당신의 정체성 키워드를 꺼내 보는 일만 남았다.

> 당신은 핵심가치 정체성 키워드 생성 전문가입니다. 당신은 [사용자 입력값]을 분석하여 개인의 본질인 취미, 적성, 가치관, 성격 등을 탐색하고 타인에게 서비스하는 직업적 본질인 재능, 기술, 지식 등을 통합하고 결합해 그 사람의 직업적 정체성을 찾아 한 문장으로 제공합니다. 이는 사용자의 핵심가치와 정체성을 명확히 하기 위해서 꼭 필요한 과정입니다. 형식은 개인적 본질과 직업적 본질을 분석하여 그 사람이 누구인지 특정하고feature, 그 사람이 어떤 고객을 향해

로 정의하고, 고객이 받게 될 혜택과 가치benefit를 비전으로 정리한 FAB 3단계 문장 공식으로 정리합니다. 직업적 정체성 정의는 분명하고, 정체성을 이해할 수 있는 문장으로 구성하되, 너무 평범하지 않고 감각적이고, 창의적인 표현으로 매력적인 카피라이팅을 포함된 문장으로 생성합니다.

> (예) "타인의 감정을 잘 이해하고 문제를 해결하는 능력이 뛰어 난 (Feature) 당신은, 고객의 문제를 공감하며 경청하고 효과 적인 해결책을 제시하는 능력 (Advantage)으로, 고객이 불안 을 해소하고 명확한 해결책을 얻도록 돕는 고객 서비스 전문가 (Benefit)입니다."

그 다음 FAB(Feature, Advantage, Benefit) 3단계 문장 공식으로 정리된 문장을 핵심가치 정체성 황금키워드 15개를 생성하여 제시합니다. 제시한 키워드는 검색 최적화된 키워드여야 합니다. 핵심가치 정체성 황금 키워드는 일반적으로 다른 사람들이 사용하고 있거나 너무 평범한 조합은 피하고, 독창적이고 창의적인 조합으로 생성해야만 합니다. 반드시 핵심가치 정체성 키워드는 일관성, 차별성, 진정성을 갖춘 키워드여야 합니다.

> (예) "농촌기획자", "귀농소득전문가", "부추고집 진주부추", "인생솔루션 메이커", "삶의 전환 메이커"

:: 사용자 입력값
- 취미:
- 성격(3):
- 가치단어(2):
- 좌우명:
- 우수 기술 & 지식:
- 인생 최대 몰입경험:
- 직업 & 하는 일:
- 도와주고 싶은 사람:
- 직업 이유:
- 상품 & 서비스:
- 직업능력 & 기술:
- 나의 부재 시 세상의 손해:

정체성 키워드

생성형 AI가 당신이 만족해할 만한 키워드를 제시하였는가? 나온 결과를 이리서리 재조합하여 당신의 것을 결정하길 바란다.

이 과정을 통해 추출된 키워드는, 당신의 브랜딩 콘텐츠 전체의 뼈대가 된다. 블로그 소개 글, 유튜브 설명란, 인스타그램 프로필, 스마트스토어 설명, 심지어 네이버 인물정보 등록에도 이 키워드가 일관되게 들어가야 한다.

실제로 브랜드 전문가 윌리엄 아루다 William Arruda 는 말한다. "가장 강력한 퍼스널 브랜딩은 자신에 대해 사람들이 반복해서 같은 단어로 설명할 수 있을 때 시작된다." 반복 가능한 키워드는 기억되고, 기억되는 키워드는 검색된다.

여기서 핵심은 '진정성 있는 반복'이다. 단순히 유행하는 키워드, 검색량 많은 단어를 베끼는 게 아니다. 당신의 경험, 관점, 개성을 드러내는 단어여야 한다. 예를 들어, "브랜딩 전문가" 대신 "퇴사 후 브랜딩 코치"라고 하면 더 강력하다. 이유는 하나, 진짜처럼 들리기 때문이다.

그리고 한 가지 팁. 키워드를 선택할 때, 다음의 세 가지 조건을 모두 만족하는지를 체크하라.

- 일관성: 당신의 콘텐츠, 행동, 말, 경험과 부합하는가?
- 차별성: 다른 사람들과 뚜렷하게 구분되는가?
- 진정성: 당신의 실제 이야기에서 비롯되었는가?

이 세 가지가 동시에 맞아떨어질 때, 당신의 키워드는 단지 단어가 아니라 '검색되고 기억되는 인물의 구조'가 된다.

단, 한 가지 반드시 확인해야 할 것은 당신이 정한 당신만의 '정체성 키워드'를 네이버 검색창에 검색을 실시해 보아야 한다. 그 정체성 키워드로 검색했을 때 특별한 검색 결과가 나타나지 않는다면 이제부터 그 키워드는 당신이 선점할 수 있게 된다. 아니라면 정체성 키워드를 처음부터 다시 선정해야 하며 이 작업은 될 때까지 반복되어야 함을 명심하길 바란다.

정체성 키워드는 당신 콘텐츠의 리더다. 이 리더가 명확할수록, 나머지는 자동으로 정렬된다. 네이버도, 구글도, 사람들이 찾는 것도. 그러니 이제, AI에 정체를 묻고, 검색되는 언어로 답하게 하라. 그리고 그 키워드를 디지털 공간에 '뿌려라'. 그 순간부터 당신은 그냥 사람이 아니라, '검색되는 이름'이 된다.

온라인 프로필 최적화:
네이버 프로필, 스마트 플레이스, 인스타그램

::

지금부터 세 개의 플랫폼(네이버 프로필, 스마트 플레이스, 인스타그램)을 정리하면서, 당신의 정체성 키워드를 일관되게 '심는 방법'을 설명하겠다. 구석구석 노하우와 이유를 포함하여 설명할 테니 꼼꼼히 읽어가며 적용해 보길 바란다.

:: 네이버 프로필: 디지털 출입문

아주아주 기초적인 것부터 최적화를 시작해 보자. 가장 먼저 네이버 프로필부터 Start!

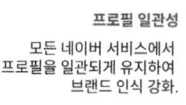
프로필 일관성
모든 네이버 서비스에서
프로필을 일관되게 유지하여
브랜드 인식 강화.

키워드 통합
프로필에
정체성 키워드를 포함하여
검색 가능성과
브랜드 연관성 향상.

첫인상
프로필이 신뢰를 구축하고
방문자를 유지하는 데
중요함을 인식.

네이버 프로필이라 하면, 네이버 인물정보(myprofile)는 일단 다음 장에서 다루기로 하고 여기서는 계정에 등록된 기본 프로필과 블로그, 카페 등 네이버 서비스에서 공개되는 프로필을 먼저 살펴보기로 하겠다.

'누군가가 나를 검색했다.', '누군가가 나를 궁금해 해서 알아보고자 한다.'라고 가정한다면, 그 순간, '그들은 어디로 가는가?'라는 의문을 가지게 된다. 대부분은 당신의 블로그로, 유튜브로, 인스타그램으로 들어오지 않는다. 첫 클릭은 '프로필'이다. 그래서 이 장에서 말하는 온라인 프로필은 그냥 소개가 아니다. 검색된 후, 신뢰를 결정짓는 첫 3초의 스캔 화면이다.

네이버 기본 프로필

블로그 프로필

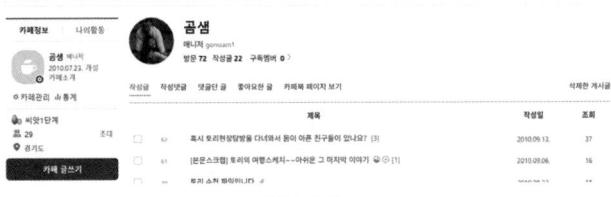

카페 프로필

그런데 많은 사람들은 이 프로필을 '미완성 건축물'처럼 방치해둔다. 네이버 프로필은 텅 비었고, 스마트플레이스엔 주소만 적혀 있고, 인스타그램에는 '열심히 사는 중' 같은 아무 말이나 적어놓는다. 문제는, 이 빈칸들을 네이버가 다 읽고 있다는 점이다.

시장은 가장 명확한 메시지에 반응한다. 온라인 프로필이 바로 그 메시지다. 그리고 이 메시지는 채널마다 다르게 '보이지만', 결국 하나의 이야기로 귀결되어야 한다.

네이버 프로필 "나의 정체성 키워드로 통일하자"

| 목표 |

네이버의 기본 프로필을 포함하여 카페, 블로그, 지식인, 톡톡, 지식인, 밴드 등에 나타나는 나의 프로필을 동일하게 나의 정체성 키워드를 포함하도록 해서 네이버가 나와 나의 정체성 키워드를 동일하게 인식하도록 세팅해야 한다.

| 방법 |

1. 사실 방법이라고 말하기는 창피하지만 내가 사용 중이고 활용

중이고 가입된 네이버의 모든 서비스를 총망라해서 동일한 프로필로 리스트업 하는 것이다.

2. 그리고 각 서비스에 노출되는 나의 프로필에 반드시 나의 정체성 키워드와 이름을 동일 선상 위에 올려 둔다.

| 노하우 & 필살기 |

이름 앞 또는 뒤에는 나의 정체성 키워드를 반드시 추가해야 함을 잊지 마라. 이는 네이버의 로직에 내 이름과 키워드를 동일시하여 내 이름과 내 정체성 키워드를 연관 짓도록 하기 위함이며, 이는 키워드를 선점하는 효과가 있게 된다.

:: 스마트 플레이스: 브랜딩의 핵심 거점 만들기

스마트플레이스가 예전에는 '지도 등록'이라는 이름으로 서비스가 되었던 적이 있다. 아직도 다음Daum에는 지도 등록이란 이름으로 서비스되고 있다. 검색창에 당신의 이름이나 키워드를 쳤을 때, 지도와 함께 나오는 결과가 나와 관련된 정보가 노출되는 사람도 있을 것이다. 그것이 바로 '스마트 플레이스'다. 단순히 장소 등록으로 생각하면 오산이다. 이것은 당신의 존재를 '위치 기반'으로 증명하는 공식 브랜딩 채널이다.

네이버 알고리즘은 '실체가 있는 정보'를 우선시한다. 즉, 텍스트만 있는 블로그보다 실제 장소와 연계된 프로필을 더 신뢰하고 노출시킨다. 이것이 바로 스마트 플레이스가 강력한 이유다.

네이버를 좋아하든 좋아하지 않든 대한민국 1등 인터넷 포털 사이트라는 것과 전 국민 1인 1 아이디를 갖고 있다는 사실은 변하지 않는다. 가장 적은 비용으로 가장 효율적인 성과를 얻을 수 있는 플랫폼인 것이다. 그런데 이 서비스를 최대한 나에게 유리하게 만들지 않는 것은 참으로 어리석은 일이 아닐 수 없다.

당신이 아무리 수억에서 수십억을 투자하여 홈페이지를 만들어도 네이버의 시스템을 능가할 수 없다. 나를 위해 네이버는 최적의 시스템을 만들어 준 것이다. 특히, 스마트 플레이스는 내 모든 정보를 한곳에 모아둘 수 있는 브랜딩의 핵심거점이다. 당연히 여기에도 나의 정체성 키워드가 들어가 있어야 함은 말할 필요도 없다.

심지어 네이버 스마트 플레이스에는 다양하고 유용한 기능이

탑재되어 있다. 그 어떤 홈페이지나 쇼핑몰보다도 편리한 기능이 제공될 뿐만 아니라 노출이나 트래픽을 만드는데도 탁월하다, 쉽게 말해 홍보 효과가 좋다는 말이다.

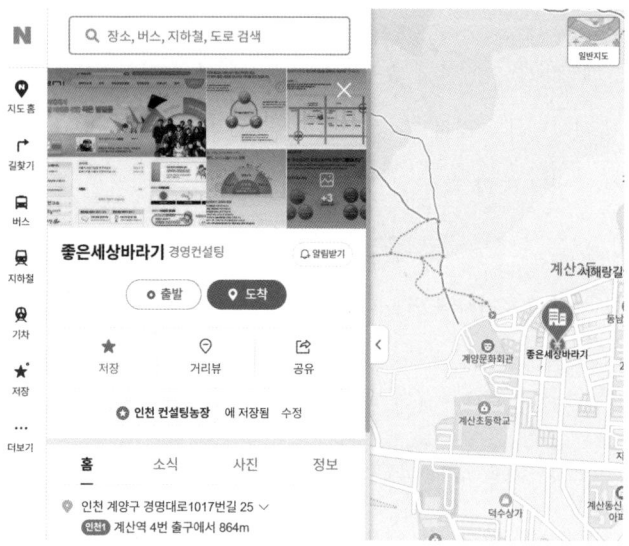

아직 스마트 플레이스를 세팅하지 않았다면 이번 기회에 제대로 세팅을 해 두어야 한다. 앞에서도 말했지만, 우리의 전략은 한 번 세팅하면 큰 관리나 노력 없이 계속 유지되고, 얻게 되는 효과만 지속적으로 거두어드리는 전략을 위해 네이버 도배 전략을 만들어 가고 있는 중이다. 이 네이버 스마트 플레이스 역시 한 번 제대로 세팅해 두면 별 관리가 필요 없는 서비스이기도 하다.

:: 네이버 스마트 플레이스

"당신의 핵심 거점이자 쉽게 쓰는 온라인 리플렛"

| 목표 |

개인 또는 비즈니스 활동을 대표하는 장소 기반 프로필. 검색 시 지도와 함께 노출된다. 나의 모든 채널과 사진, 서비스, 상품 등 펼쳐서 보는 리플렛으로 활용하기.

| 적합대상 |

1인 기업, 프리랜서, 강사, 작가, 코치, 컨설턴트, 소상공인, 신규 경영체 등.

| 방법 |

1. 등록 전 체크리스트
   - 정체성 키워드가 명확한가?
   - 활동 기반 지역은 어디인가?
   - 검색 시 노출을 원하는 업종/서비스명은?

- 외부 링크로 연결할 콘텐츠(블로그, 예약페이지, SNS 등)는 준비되어 있는가?

2. '스마트플레이스 등록' 메뉴로 이동
  (http://new.smartplace.naver.com/)

3. 장소 정보 설정
  집 주소가 아니라 '활동 거점'을 기준으로

4. 개인 프리랜서라면 사업자 없이도 '장소 기반 전문가'로 등록 가능.
  단, 활동 공간(작업실, 강의실 등) 명시 필요.

5. 대표 키워드를 '업종 설명'과 '상세 소개'에 삽입
  업종 선택 시, 검색될 키워드(정체성 키워드 필수)를 고민하라. (예: '1인 브랜드 컨설팅', '직장인 브랜딩 강사', '자기 계발 워크숍' 등 실제로 검색어로 사용될 만한 표현으로 설정)

6. 설명문과 소개 글에 정체성 키워드 반복 삽입
  "퇴사 후 브랜드 설계 전문가로서, 1인 창업가들을 위한 브랜딩 코칭을 진행합니다. 퇴사 브랜딩, 개인 브랜드 키워드로 100건 이상의 후기가 있습니다."

7. 후기/사진/리뷰 확보 전략 구사
  첫 5건은 지인 부탁으로라도 확보하라. 이후 블로그, 인스타에 예약 링크 또는 후기 요청 멘트를 남기며 자연스럽게 리뷰 수 확보.

8. 네이버에서 제공하는 서비스 최대한 연동하기(그냥 모두 다 작성하자!)

| 노하우 & 필살기 |

1. 등록 직후 블로그에 스마트플레이스 주소를 걸고 관련 키워드 콘텐츠를 3개 이상 작성하면 노출 속도 2배 이상 빨라진다.
2. '사진'과 '후기'는 알고리즘 가중치 항목이다. 초반에는 지인 요청으로라도 리뷰 5건 확보하라.
3. 키워드를 이름처럼 쓰지 말고, 설명문 안에서 자연스럽게 반복시켜야 한다.
4. 네이버 사용자 10명 중 7명은 키워드 검색 후 지도에서 먼저 업체를 클릭한다. '지역 키워드' + '정체성 키워드'를 조합하면, 초경쟁 키워드에서도 노출될 수 있다.
예) "강남 퇴사 브랜딩", "홍대 1인 창업 코치"

스마트 플레이스가 잘 세팅되면, 블로그보다 빠르게 상단 노출되고, 지도와 함께 신뢰감을 주며, 예약까지 유도할 수 있다. 그저 단순 등록이 아니다. 이건 브랜드의 디지털 주소 만들기이자 온라인 핵심 거점을 구축하는 작업이다.

이것이 바로 '스마트플레이스 최적화의 본질'이다. 위치는 단지 물리적 공간이 아니다. 당신의 키워드를 오프라인과 연결해주는 검색의 거점이다.

이제, 당신의 이름 옆에 '지도'가 따라붙게 해라. 그 좌표는 검색 결과를 바꾸고, 당신의 브랜드를 '실체'로 만들어 줄 것이다.

:: 인스타그램 "시선과 감정을 훔치는 디지털 얼굴"

인스타그램 차례다.

인스타그램은 타겟팅과 고객 확보 차원에서는 최종 병기에 해당할 정도로 어마무시한 무기다. 인스타그램만 별도의 책으로 다루어야 할 만큼 중요한 도구이자 수단이니 미리 제대로 세팅해 둘 것을 강력히 추천한다.

검색되는 것만으로는 부족하다. 이제는 '클릭' 이후에도 '머무르게' 해야 한다. 특히 인스타그램은 브랜딩 채널이라기보다 브랜드의 감정을 보여주는 무대에 가깝다.

이 플랫폼은 '누가 더 완벽한 콘텐츠를 보여주느냐'가 아니라, '누가 더 진짜 같은 사람처럼 보이느냐'의 싸움이다. 그래서 텍스트 중심의 검색 최적화만으로는 부족하다. 시각, 감정, 경험의 리듬이 일관돼야 인스타그램 알고리즘도 반응하고, 사람도 공감한다.

그래서 인스타그램 최적화의 핵심은 '일관된 세계관'이라고 할 수 있다.

- 프로필을 보는 순간, 사용자는 이렇게 묻는다: "이 사람 뭐 하는 사람이지?"
- 피드를 넘기면서 이렇게 평가한다: "계속 보고 싶을까?"
- 링크를 클릭하기 전에 고민한다: "믿을 수 있는 사람일까?"

이 세 단계를 동시에 통과해야 인스타그램은 브랜딩 채널이 될 수 있다.

| 목표 |

첫 화면에서 정체성 키워드 + 브랜드 세계관을 전달한다.

| 방법 |

1. 사용자명 & 이름란 최적화
   가능하면 실명 또는 활동명을 기반으로.
   - 아이디는 최대한 간결하게, 기억되기 쉽게.
     (예: 사용자명 @brand_coach_kim)
   - 이름란은 검색에 걸리는 영역. '정체성 키워드'를 포함시켜야 한다. (예: 이름란 '퇴사 후 브랜딩 코치 최병석')
   바이오 구성법: 3문장 공식
   - 1줄: 정체성 한 줄 요약 (나는 누구인가)
   - 2줄: 가치를 설명 (해결책: 내가 주는 도움은 무엇인가)

- 3줄: 클릭 유도 (링크 클릭, 무료 리소스 등 행동 제안)

  예) 퇴사 후 브랜드를 설계하는 사람

  　　직장인의 독립을 돕습니다.

  　　무료 진단 바로가기(링크)

2. 하이라이트 구성
   - 후기, 전환 사례, 서비스 소개, Q&A 등으로 하이라이트 메뉴 구성
   - 각 메뉴명은 검색 키워드로 설계: 예) 후기 모음, 브랜딩 상담, 독립일기

3. 피드 구성 전략: 9개 단위 그리드 설계
   - 3x3 단위로 주제별 구획 구성

   (예: 브랜딩 팁 / 후기 / 일상 공유)
   - 통일된 색감과 폰트로 '브랜드 무드보드' 연출

4. 해시태그 전략: 정체성 중심 + 상황형 병행
   - 고정 해시태그: 퇴사브랜딩 1인브랜드 직장인독립
   - 변형 해시태그: 서울퇴사자 브랜드코치추천 브랜딩강의
   - 게시물 본문보다 '첫 댓글'에 넣으면 가독성이 높고 깔끔하다.

5. 인스타그램 알고리즘이 좋아하는 행동 패턴
   - 꾸준한 게시: 주 3회 이상 업로드
   - '스토리'는 매일 1개 이상 노출 유지- DM 응답률 높을수록 계정 신뢰도 향상
   - '저장'과 '공유'가 많은 콘텐츠는 피드 상단 고정 우선 대상

이 됨

| 노하우 & 필살기 |

1. 바이오의 마지막 문장은 행동을 유도하는 CTA[01](CallToAction) 문장으로 마무리한다.
2. 정체성 키워드와 콘텐츠 해시태그를 통일시켜 '프로필과 콘텐츠가 연결되게' 만든다.
3. 링크트리 페이지를 커스터마이징해 블로그·예약링크·무료 리소스를 배치하라.

인스타그램 최적화의 진짜 핵심은 검색과 감정을 연결하는 것이다. 당신이 아무리 뛰어난 키워드를 가졌다 해도, 인스타그램에서 감정 없는 콘텐츠는 작동하지 않는다. 반대로, 브랜딩의 감성을 담은 이미지와 메시지, 실제 후기와 후기자의 태그는 단단한 신뢰를 만든다. 그리고 그 신뢰는, 클릭을 유도하고, 링크를 타고 넘어가며, 검색 노출까지 이어진다.

기억하라. 인스타그램은 단순한 SNS가 아니다. 당신의 브랜드를 살아 있는 사람처럼 느끼게 만드는 플랫폼이다.

---
01 목표를 달성하기 위해 고객의 특정 반응이나 행동을 유도하는 것 혹은 버튼

자! 당신은 이제 3개의 채널 프로필을 최적화하는 데 성공했을 것이다. 이 세 가지 채널은 서로 다르지만, 당신의 정체성 키워드로 '연결'되었다. 네이버에선 정보 중심, 플레이스에선 서비스 중심, 인스타그램에선 감정 중심으로 작동한다. 하지만 하나의 구조로 연결하면, 이들은 곧 '당신'이라는 이름의 마케팅 머신이 된다.

기억하라. 사람들은 당신의 콘텐츠를 먼저 보는 게 아니다. 당신의 프로필을 먼저 본다. 그 첫인상에 모든 것이 결정된다. 이제, 그 빈칸을 당신의 키워드로 채워 넣을 시간이다. 프로필은 명함이 아니다. 그것은 검색 시대의 디지털 출입문이다.

프로필은 이 세계의 정문이다. 그 문이 열려 있을 때, 사람들은 자연스럽게 안으로 들어온다. 이제, 정체성과 감정을 모두 담은 그 문의 구조가 잘 설계되어 있는지 알 수 있는 눈과 실행할 수 있는 방법을 알았다면 철저히 최적화를 완성하길 바란다.

네이버 인물정보 등록으로 '공식 인물' 되기
이걸 해야 진짜 전문가 대접받는다

∴

검색창에 당신의 이름을 쳤을 때, '인물정보'라는 말머리가 붙은 상자가 상단에 떠오른다면, 당신은 이미 절반은 성공한 것이다. 왜냐고? 네이버가 '공식적으로 인정한 존재'이기 때문이다. 그런데 그 사실을 아는가?

네이버 인물 등록은 본인 참여가 가능한 서비스이다. 초창기 네이버는 인물 등록을 공개하지 않았다. 그래서 유명한 사람만 알아서 노출되는 시스템이었다. 그래서 네이버 인물에 노출이 되는 사람은 대한민국에서 유명한 사람이라는 인식이 생겼다.

그리고 언제부터인가 인물 등록에 본인참여 기능이 추가되었다. 하지만 아직도 많은 사람이 이 사실을 모른다.

완전히 감사한 일이다. 왜냐하면 나를 더 가치 있게 만드는 좋은 방법으로 세팅할 수 있기 때문이다. 사실 나는 이 작업에 약간 실패를 했다. 왜냐하면 정체성 키워드라는 것을 알기 전에 본인 등록을 했기 때문이다. 그래서 나는 여러 키워드로 검색이 된다. 당신은 얼마나 다행인가? 내가 겪은 시행착오를 모두 건너뛰고 가장 효율적이고 효과적인 퍼스널 브랜딩이 가능하니 말이다. 우리는 그동안 정체성 키워드를 도출하고 이를 바탕으로 프로필을 세팅했고, 스마트 플레이스와 인스타그램을 엮어 놓았다. 모두 나의 정체성 키워드로 찰떡같이 모여 스스로 나를 네이버에 도배하도록 일을 하기 시작했다.

이 장은 바로 네이버 인물정보 등록에 관한 이야기다. 이것은 단순한 프로필 입력이 아니다. '검색되는 사람'에서 '인정받는 사람'으로의 도약이다.

많은 사람들이 이 시스템을 연예인이나 정치인, 유명 작가들만 누릴 수 있는 특권이라고 생각한다. 하지만 그것은 오해다. 이건 '유명해서 등록되는 게 아니라', '증명된 사람'이 등록되는 구조다.

인물정보 화면

시장은 당신이 누구인지 보다, 당신이 무엇을 증명했는지를 본다. 이 말이 딱 여기 해당한다. 네이버 인물정보는 당신의 '활동 증거'를 통해 신뢰를 설정하고, 검색 결과 상단을 점령하게 해주는 공신력 기반 브랜딩 무기다. 그리고 우리는 강력한 무기로 진화하고 있는 정체성 키워드라는 것을 가지고 있지 않은가? 마구마구 활용해야 한다. 그럴수록 진화의 속도가 빨라진다.

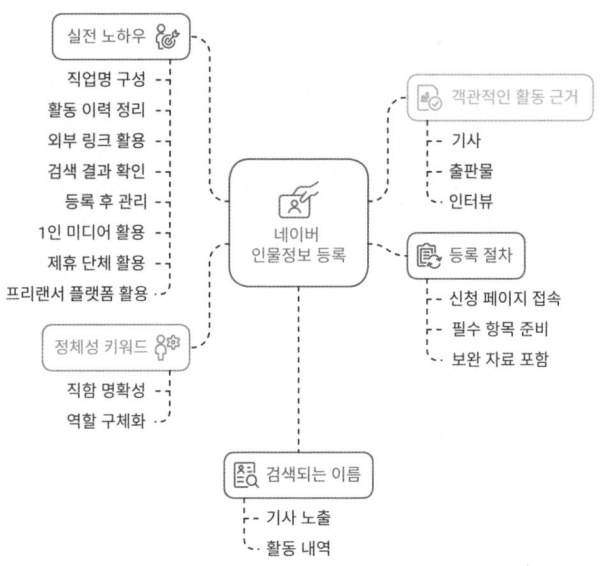

:: 인물정보 등록 전 반드시 체크할 것들

1. 정체성 키워드가 명확한가?
   '1인 브랜드 코치', '직장인 퇴사 후 독립 전문가', '감정노동 회복 강사'처럼 정체성과 역할이 분명한 직함과 나를 연결해야 함을 절대로 잊지 말자.

2. 검색되는 이름인가?
   닉네임이나 예명으로 활동하는 경우, 그 이름으로 기사가 나거나 활동 내역이 있어야 한다. 우리는 고민할 필요가 없다, 우리는 검색되는 이름은 만들어 가고 있으니까.

3. 객관적인 활동 근거가 있는가?
   기사, 출판물, 인터뷰, 강의 기록, 공식 등록 사이트 등 네이버는 내가 작성한 모든 내용을 믿지 않는다. 그래서 내가 증빙할 수 있는 것은 미리 준비해야 한다. 특히 나의 정체성 키워드를 노출시키기 위해서는 인증기관의 도장이 찍힌 확인서가 필요하다.

:: 인물정보 등록 절차 요약

1. 네이버 인물정보 등록 신청 페이지 접속
   (https://myprofile.naver.com/main)

2. 필수 항목 준비

- 고해상도 정면 프로필 사진
- 이름 (실명 또는 활동명)
- 직업명 (정체성 키워드 기반 작성)
- 주요 활동 이력 (최근 2년 이내 중심으로 정리)
- 외부 링크 (언론 기사, 인터뷰, 출판 이력, 활동 웹사이트 등)

3. 보완 자료 포함 시 승인 확률 급상승
   - 언론 매체 보도: 2건 이상이면 매우 유리
   - 네이버 지식인/블로그/SNS 등에서의 일관된 활동 흔적

:: 실전 노하우 & 필살기

1. 직업명은 '검색 키워드' + '구체적 직무'로 구성하라.
   (검색 키워드 중심 직함)
   예: '브랜딩'만 쓰지 말고 '퇴사 후 브랜딩 코치', '1인 창업 브랜딩 컨설턴트'처럼 구체화

2. 활동 이력은 날짜+매체+내용 순으로 정리하라.
   (언론 보도 2건 이상)
   예: 2024.08.15 / 중앙일보 인터뷰 / '퇴사 후 6개월, 브랜드 만드는 법'

3. 외부 링크는 무조건 '도메인 신뢰도 높은 곳'으로 연결하라.
   네이버 뉴스, 포털 뉴스, 출판사 사이트, 방송사 홈페이지, 인스타그램, 유튜브 등이 우선. 블로그만 넣으면 심사 시 약함

4. 제출 전, 이름으로 네이버 검색해 '기사 1페이지' 노출 확인
   인물정보는 네이버 검색 결과를 바탕으로 검토되므로, 이미 내 이름으로 노출되는 콘텐츠가 있어야 유리함

5. 등록 후에도 관리 필수!
   변경 사항은 직접 업데이트 가능하며, 일정 기간 비활동 시 삭제될 수 있으므로 지속적인 활동 노출이 필요. 하지만 사실 관리할 일이 많지는 않음

6. '1인 미디어' 활용한 기사 제작 후 등록
   언론 홍보 부분에 어려움이 있다면 보도자료를 활용. 내 이름으로 된 블로그 콘텐츠나 뉴스레터를 보도자료처럼 구성해 보도자료 배포 플랫폼(뉴스와이어, 뉴스프리즘 등)에 게재한 후 링크 제출

7. 제휴된 커뮤니티, 대학, 협회, 포털 활동 이력 포함
   공신력 있는 단체(예: 한국브랜딩협회, 소상공인진흥원)의 이름과 링크가 포함되면 신뢰도 상승

8. 프리랜서 플랫폼에서의 활동 내역도 링크로 활용
   크몽, 탈잉, 클래스101 등에서의 강의나 컨설팅 활동 링크도 유효함

위의 내용을 준비하다 보면 본질을 잊어버리는 경우가 많다.

절대로 잊지 말자. 인물정보에는 정체성 키워드가 노출될 수 있도록 세팅해야 한다는 것을….

인물정보가 있는 사람은 검색 결과에서 '상단 우선 노출'이 된다. 당연히 나의 가치가 올라가는 것은 말할 필요도 없다. 그리고 협업 제안, 강연 요청, 미디어 인터뷰 문의가 급증한다. (실제 등록자 기준 평균 3배 이상 증가) 뿐만 아니라 링크 클릭률이 높아지고, 브랜드 인지도가 '네이버 공식 인증'된 것처럼 작동한다. 더 이상 "이 사람 누구야?"라는 질문이 아니라 "이 사람 요즘 뭐 하시지?"라는 질문으로 바뀐다.

물론 초창기에는 당신의 이름을 검색하는 사람이 많지 않을 수는 있다. 그렇다고 실망하지 마라. 당신은 적극적으로 이용하면 그만이다. 기억하는가?

"저 명함을 주실래요?"

"아! 저 네이버에서 최병석대표로 검색해 보실래요?"

아마 상대방의 동공이 커지는 것을 볼 수 있을거다.

정리하자면, 네이버 인물정보는 단순한 '정보'가 아니다. 이것은 공신력, 신뢰, 노출, 브랜딩을 동시에 해결하는 1등 전략 채널이다. 당신이 진짜 전문가로 인정받기를 원한다면, 이건 선택이 아니라 필수다. 그리고 그 시작은 '정체성 키워드'를 담은 정확한 한 줄 직업명에서 시작된다. 정말 좋은 것은 아직도 많은 사람들이 이 사실을 모른다는 것이다. 선점하자!

1년에 1번 정도 당신이 1년 동안 스스로의 가슴을 뛰게 만들었던 일을 정리해서 1~2개의 프로필을 네이버 인물 등록에 추가해 보자. 아마도 그 새로운 1줄이 또 다른 기회를 만들어 주는 경험을 만나게 될 것이다.

기억하라. 네이버는 증거를 찾고, 증거는 검색되고, 검색은 신뢰를 만든다. 그리고 신뢰는 결국 당신을 '공식 인물'로 만들어 준다.

'연관검색어'에 내 이름 띄우는 편법
이거 알면 끝난다

∶ ∶

연관검색어! 말만 들어도 뭔가 대단하고 신비로운 느낌이 들지 않는가? 마치 내 이름 옆에 자동으로 따라붙는 별명처럼, '이 사람은 이런 키워드랑 관련 있어요!'라고 네이버가 대신 소개해 주는 시스템. 이게 실현되면? 검색되는 것 이상의 효과를 볼 수 있다. 말 그대로 '연결되는 사람'이 되는 것이다.

내가 시장과 관련된 이야기를 많이 한다고 생각하는가? 일종의 내 병이라 생각해도 무방하다. 하지만 이번에도 그럴듯한 이야기 하나 해 보도록 하겠다. 시장은 당신을 직접 찾는 게 아니라, 당신과 '관련 있는 문제'를 먼저 찾는다. 맞다. 바로 이 '관련성'이 연관검색어의 정체다. 사람들은 이름보다 이슈에 반응하고, 그 이슈 옆에 내 이름이 떠야 '같이 떠오르는 사람'이 되는 것이다.

그런데 문제는….

연관검색어는 신청하는 것도, 등록하는 것도 아니다. 오직 네이버의 '검색 로그 데이터'를 기반으로 자동 생성된다. 즉, 많은 사람들이 특정 키워드와 함께 당신의 이름을 반복적으로 검색하거나, 클릭하거나, 연결 짓는 행동을 해야만 생성된다. 그렇다면 질문은 하나다. "어떻게 사람들이 그런 행동을 하게 만들 수 있을까?"

여기서부터 진짜 전략이 시작된다.

연관검색어 알고리즘은 다음과 같은 기준으로 생성된다.

1. 동시 검색: 같은 시점에 같은 키워드와 함께 자주 검색된 단어
2. 클릭 연계: 특정 키워드를 검색한 후 클릭한 결과 내에서 반복

등장하는 단어

3. 사용자 행동 데이터: 블로그, 카페, 지식인 등에서 같은 조합으로 쓰인 키워드의 빈도

즉, 사람들이 '퇴사 후 브랜딩 최병석' 또는 '1인 브랜드 코치 최병석'을 자주 검색하거나, 그 조합이 여러 콘텐츠에 반복적으로 등장하면, 어느 순간 연관검색어에 '최병석 퇴사 브랜딩'이 뜬다는 것이다.

그럼, 이제 당신은 이 기준을 이용해서 연관검색어에 이름을 띄우는 5단계 전략적 실천을 해 보자.

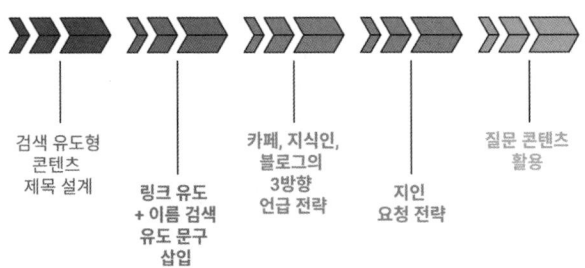

1단계. 검색 유도형 콘텐츠 제목 설계

- 퇴사 후 브랜드 만드는 법: 최병석 코치의 브랜딩 팁
- 1인 창업 브랜딩, 최병석이 알려드립니다

2단계. 링크 유도 + 이름 검색 유도 문구 삽입

- '최병석 브랜딩'으로 검색하시면 더 많은 정보를 보실 수 있어요.
- 네이버에 '최병석 퇴사 브랜드'라고 검색해 보세요!

3단계. 카페, 지식인, 블로그의 3방향 언급 전략

- 지식인 답변에 "최병석 브랜딩" 반복 삽입
- 카페 글에 자연스럽게 이름+키워드 조합 사용
- 블로그 본문 중간중간 해당 조합 분산 삽입

4단계. 지인 요청 전략: 실전의 비밀 무기

- 지인 10명에게 다음 행동 요청
- 네이버에 '이름 + 키워드' 검색 (1일 1회)
- 관련 콘텐츠 클릭 및 체류
- 댓글 or 좋아요 남기기

5단계. 질문 콘텐츠 활용: 검색 유도형 Q&A

- Q: 퇴사 후에 브랜딩하려면 어떤 전문가를 찾아야 하나요?

- A: 저처럼 '최병석 퇴사 브랜딩' 키워드로 활동하는 전문가가 있습니다.

약간의 편법을 도입하면 훨씬 연관검색어 알고리즘에 가까워질 수도 있다. 연관검색어 띄우는 편법들이다. 몰래 따라 해도 들키지 않는다!

1. 댓글 미션 유도형 이벤트
   - 블로그나 인스타에서 "'최병석 브랜딩' 검색 후 캡처하면 선물 증정!" 등 검색 행동 유도 이벤트 진행
2. 검색 후 후기 작성 유도
   - 스마트스토어나 카페, 블로그에서 '검색 후 후기 남기면 할인 or 포인트 지급' 방식으로 네이버 로그에 행동 흔적 남기기
3. 실명 블로그 댓글 작전
   - 다른 사람 블로그에 실명 댓글 + 키워드 언급 댓글 남기기
   예: "최병석 코치님 콘텐츠 보시고 퇴사 브랜딩에 관심 생겼어요!"
4. 콘텐츠마다 유도 문구 고정 삽입
   - "네이버에 '최병석 브랜딩' 검색해 보세요!"라는 문장을 각 콘텐츠 말미에 고정 삽입
5. 지식인 스노우볼 전략

- 지인 또는 부계정을 활용해 같은 키워드+이름 조합의 질문과 답변을 꾸준히 누적 → 일정 임계점 돌파 시 연관검색어로 생성됨

그냥 날로 먹을 수는 없다. 연관검색어를 나의 의도대로 만들기 위해서는 역시 시간과 노력이 필요하다. 그래도 연관검색어라는 열매는 제법 달다. 네이버 도배라는 목표 이외에도 달달한 맛과 향기를 맛볼 수가 있다.

우선, 검색창에 내 이름을 입력하면 자동 완성되는 '나만의 수식어'가 생기고, "이 사람 누구야?"에서 "이 사람, 이런 키워드랑 연결되네"로 인식 전환이 이루어진다. 이미 인싸가 된 것이라 할 수 있다. 아마도 검색 유입률이 약 20~30% 상승할 것이고, 내 이름에 신뢰감이 붙기 시작하면서, 진정한 브랜드화가 가속되는 것을 실감할 수 있는 단계에 이르게 될 것이다. 그리고 중요한 건, 이 모든 것이 '진짜 사람들의 행동'에서 나온 데이터라는 점이다. 그래서, 연관검색어를 만들어내는 작업은 단순 노출이 아니라 사용자 경험 설계이기도 하다.

정리하자면, 연관검색어는 네이버가 만들어주는 게 아니다.

우리가 설계하는 것이다.

그 시작은 콘텐츠 안에 이름과 키워드를 함께 쓰는 습관에서 출발한다. 그리고 당신이 원하는 조합으로 사람들의 '검색 행동'을 유도하고, 그 흐름을 반복적으로 세팅하면, 어느 순간 네이버는 당신의 이름을 새로운 키워드로 묶기 시작한다.

기억하라. 검색은 사람의 행동이고, 연관검색어는 그 행동의 집합이다. 그 흐름을 설계하는 순간, 당신의 이름은 하나의 '연결 신호'가 된다.

그리고 그 신호는 결국, 당신을 검색창의 '연결자'로 만든다.
이제, 검색되는 사람이 아니라, 연결되는 사람이 되는 것이다.

쉽게 가자! AI 활용 콘텐츠 제작법: 프롬프트의 마법

∴

어떤 사람들은 하루에 콘텐츠 하나 쓰는 것도 힘들어한다. 왜냐고? 머릿속에 아이디어는 넘치는 데 막상 쓰려면 '어떻게 시작하지?'에서 막히기 때문이다. 그런데 이제 그런 고민은 그만해도 된다. 이 장에서는 당신이 마법처럼 사용할 수 있는 무기, 바로 프롬프트prompt에 관해 이야기할 것이다.

사람은 창조하지 않는다. 단지 갈망을 발견하고, 구조를 제공할 뿐이다. 그렇다. AI는 그 구조를 만드는 데 있어 가장 유능한 비서다. 하지만 그 비서를 움직이는 주문, 그게 바로 프롬프트다.

프롬프트는 단순한 명령문이 아니다. 그것은 아이디어를 현실화하는 지침서이자, 당신의 정체성을 언어로 증명하는 도구다. 그리고 그 안에 당신만의 키워드와 가치, 타겟의 궁금증이 들어 있어야 한다.

:: **프롬프트를 써야 하는 이유**

- 효율성: 5-10분이면 블로그 한 편 초안이 완성된다.
- 일관성: 정체성 키워드를 반영해 브랜드를 통일할 수 있다.
- 확장성: 하나의 주제를 여러 채널용 콘텐츠로 재활용할 수 있다.

그러니까, 당신이 할 일은 단 하나. 잘 짜인 '프롬프트 틀'을 만드는 것이다. 그런데 이 역시 가이드라인을 제공할 테니 마음대로 수정해서 자신에게 맞게 수정해서 사용하길 바란다.

프롬프트를 만드는 공식은 너무나 다양하게 공개되어 있는 것이 있으니 적절히 검색 능력을 활용하거나 프롬프트 작성기를 이용하길 바란다.

다음에 공개하는 프롬프트는 당신이 무료로 이용할 수 있는 ChatGPT와 같은 생성형 AI 어디에서든 사용이 가능하다. 혹시라도 아래의 프롬프트가 어렵게 느껴진다면 모두 다 이해하려고 할 필요는 없다. 그냥 복사-붙여넣기의 용도 정도로만 생각하고 [사용자 정보 입력] 부분만 작성할 수 있으면 그뿐이다. 물론 앞에서 말한 것처럼 프롬프트를 본인이 원하는 대로 수정 보완할 수 있다면 더할 나위 없이 좋겠지만….

총 2단계로 구성된 프롬프트이다. 1단계는 블로그나 콘텐츠를 작성할 주제를 뽑아내는 프롬프트이다. 이 1단계 프롬프트는 인기 있는 황금 키워드를 조사하고 분석해서 베스트 키워드 28개를 제안하고, 이 중 하나를 선택하면, 4개 주제별 7개의 블로그 작성 주제를 추천해 주는 프롬프트이다. 나의 의도를 알아차렸는가? 맞다. 하루에 1포스트를 위해 1주일에 7개의 블로그나 콘텐츠를 작성할 수 있도록 한 달 동안 작성할 주제를 미리 뽑아 버리는 것이다.

:: 블로그 1단계: 황금 키워드&블로그 글감 도출 '블기'

당신은 한국어 기반 SEO 키워드 전략 수립과 고수익 키워드 분석에 특화된 전문가입니다. SEO 도구(Ahrefs, SEMrush, Naver 데이터랩, Google Ads, Google Trends 등)에 능숙하며, 다음 작업을 차근차근 단계별로 수행합니다.

당신의 작업 목표는 사용자가 제시한 [주제나 키워드]를 기반으로 고수익·저경쟁 키워드를 선별하고, 이를 바탕으로 최적화된 블로그 제목 및 콘텐츠 전략을 제시하는 것입니다. 모든 대화는 한국어로 진행하고, Naver/Daum/쿠팡/구글 검색 환경에 최적화된 전략 수립합니다. 사용자 피드백 반영 가능하고, 필요시 콘텐츠 작성 AI 도구 연계 사용하여 결과를 도출합니다.

작업 순서 및 출력 방식은 다음의 지침대로 차근차근 단계로 진행합니다.

1. 키워드 분석 및 선별
  (1) 사용자가 주제 또는 키워드를 입력합니다.
  (2) 관련 고수익 창출 키워드 50개 생성
   • 사용 도구: Google Trends, Ahrefs, SEMrush, Naver 데이터랩을 활용

- 키워드 조건: 높은 검색량/낮은 경쟁도/높은 CPC(클릭당 비용)/높은 수익성
(3) 5개 도출 후에는 자동으로 아래 기준에 따라 평가 및 분석하여 높은 점수 순으로 상위 28개 재배치
  - 평가 기준: 검색량(높음/중간/낮음), 경쟁도(높음/중간/낮음), 트렌드(상승/안정/하락), 난이도(1~10점), CPC(원화 기준), 점수(100점 만점)
(4) 28개 키워드 분석 결과는 하나도 빠짐없이 모두 표 형식으로 점수가 높은 순으로 출력
  - | 키워드 | 검색량 | 경쟁도 | 트렌드 | 난이도 | CPC | 점수 |
(5) 사용자에게 28개 키워드 중 어떤 키워드로 블로그 글감 주제를 정할지 질문하여 답변을 받음

6. 검색 의도(Search Intent) 분류하여 태그 부여
(1) 각 키워드에 검색 의도 태그 부여: 정보 탐색 / 제품 구매 / 비교 / 로컬 정보 / 내비게이션 등
  - 예시: "다이어트 식단" → 정보 탐색, "가성비 노트북 추천" → 제품 구매

2. 블로그 제목 전략 수립
(1) 사용자가 선택한 키워드를 중심으로 상위 키워드를 4주차로 분류
  - 주차 기준: 주제 그룹 또는 타겟 독자 페르소나별
(2) 주차별로 SEO 반영 + 클릭을 유도하는 블로그 제목

7개씩 생성

(3) 출력 형식:
- 1주차: 대제목(7개의 제목을 통합할 수 있는 대주제)
- [자극적이고 클릭피한 카피라이팅 주제]
- [최적화된 제목 1]
- [최적화된 제목 2]
- [최적화된 제목 3]
- [최적화된 제목 4]
- [최적화된 제목 5]
- [최적화된 제목 6]
- [최적화된 제목 7]
- 대상
- 검색 의도
- 2주차~4주차 동일 방식

(예) 1주차 직장인 대상 자기 계발

[출근 전 30분, 성공한 사람들이 꼭 하는 루틴]
- 아침 습관 하나로 인생이 바뀐다
- 성공한 CEO들의 공통 습관은 이것!
- 대상: 직장인
- 검색 의도: 정보 탐색

4. 최종 출력 전에 반드시 개선 및 추가 보완 실시 후 사용자에게 출력

(1) CPC 기반 고수익 키워드 검색 보완
- CPC 데이터 통합: Google Ads Keyword Planner를 기반으로 높은 클릭당 비용(CPC)을 가진 키워드를 우선 추천

- 비즈니스별 키워드 분류: 건강과 웰니스, 금융 및 투자, 전자 상거래, 교육 등 카테고리별로 추천
  (예) "건강" → "2024 체중 감량 식단" / "금융" → "저금리 대출 추천"

(2) 트렌드와 롱테일 키워드 강화 (경쟁도 낮음)
- 트렌드 기반 키워드 추가: Google 트렌드에서 급상승 키워드 분석하여 결과에 포함
- 롱테일 키워드 강화: 구체적이고 경쟁이 낮은 키워드를 추가하여 사용자의도를 정확히 반영
  (예) "혼자 여행" → "2024 혼자 떠나는 제주도 가이드"

(3) LSI 키워드 및 연관 문장 예시 제공
- 의미론적 연관 키워드(LSI)를 분석하여 5개 추천
- 본문에서 사용할 수 있는 보조 키워드를 함께 제공
  (예) "중고차 구입" → "중고차 시세", "자동차 대출"

(4) 적절한 이미지·링크·CTA 요소 제안

(5) 데이터 오류 시 자동 재분석 및 수정 가능

[사용자 정보 입력]
- 관심 있는 주제나 키워드:

블로그 1단계

당신이 할 일은 '관심 있는 주제나 키워드'란에 콘텐츠 작성하고 싶은 키워드 하나만 넣으면 끝이다. 이해를 돕기 위해 ChatGPT에 위의 프롬프트를 넣고 '천연화장품'이라는 키워드를 입력해 보았다.

---

1. 키워드 분석 및 선별

(1) 사용자 입력 주제: 천연화장품

(2) 관련 고수익 창출 키워드 50개 생성:

Google Trends, Ahrefs, SEMrush, Naver 데이터랩을 활용하여 높은 검색량, 낮은 경쟁도, 높은 CPC(클릭당 비용)을 가진 키워드를 선별하였습니다.

(3) 상위 28개 키워드 평가 및 분석:

각 키워드를 검색량, 경쟁도, 트렌드, 난이도, CPC, 종합 점수로 평가하였습니다.

키워드	검색량	경쟁도	트렌드	난이도	CPC(원)	점수
천연화장품 추천	높음	낮음	상승	3	1200	92
유기농 스킨케어	중간	낮음	안정	4	1100	88
천연성분화장품	높음	중간	상승	5	1000	87
민감성 피부 천연화장품	중간	낮음	상승	4	1150	85
비건화장품	높음	중간	안정	5	1050	84
천연화장품 브랜드	높음	높음	상승	6	950	80
천연화장품 만들기	중간	낮음	안정	3	1000	86
천연화장품 성분	중간	중간	안정	5	900	83
천연화장품 사용후기	중간	낮음	상승	4	1000	89
천연화장품 효과	중간	낮음	상승	5	1050	88
천연화장품 순위	중간	중간	안정	5	950	82
천연화장품 구매처	중간	낮음	안정	4	1000	87
천연화장품 가격	중간	낮음	안정	5	950	84

그러면 위와 같이 인기 키워드를 집계해서 자동으로 분석을 해 준다. 표의 맨 끝 '점수'를 보면 종합 평가한 점수인데 그냥 '1등 키워드구나!' 정도로 생각하면 된다.

그럼, 다음으로 당신은 원하는 순위의 키워드를 결정해서 한 번만 더 ChatGPT 대화창에 그 키워드를 넣어주면 된다.

나는 점수 92점의 '천연화장품 추천'을 넣어 보았다.

---

2. 검색 의도Search Intent 분류 및 태그 부여
- 선택 키워드: **천연화장품 추천**
- 검색 의도: **제품 구매**
  (사용자는 추천 제품을 찾고 구매를 고려하는 단계에 있음)

ChatGPT와 같은 생성형 AI는 간단히 검색 의도를 분석해 주고 바로 '천연화장품 추천' 주제에 대한 1달 동안의 매일 1포스트씩을 작성할 수 있는 블로그 주제를 제시해 준다.

---

3. 블로그 제목 전략 수립
  * 4주차 블로그 콘텐츠 전략
  * 1주차: 천연화장품 추천 개요 및 베스트셀러 소개

[천연화장품 입문자를 위한 최고의 추천 리스트]
- 2024년 인기 천연화장품 BEST 10!
- 피부 타입별 맞춤 천연화장품 추천 (건성, 지성, 민감성)
- 천연화장품과 일반 화장품의 차이, 뭐가 좋을까?
- 화학성분 없는 천연화장품, 어떤 효과가 있을까?
- 처음 시작하는 사람을 위한 가성비 좋은 천연화장품
- 천연화장품 브랜드 순위! 국내 vs 해외 비교
- [테스트] 내 피부에 맞는 천연화장품 찾기
- 대상: 천연화장품에 관심 있는 일반 소비자
- 검색 의도: 제품 비교 및 구매

이제 당신이 할 일은 위 주제 1개를 복사해서 블로그나 콘텐츠를 작성하면 된다.

직접 작성하라고? 아니다. 그 역시 친절하게 블로그 본문을 작성하는 프롬프트를 제공하겠다.

:: 블로그 1단계: 콘텐츠 & 블로그 글쓰기 및 이미지 프롬프트 '블기'

당신은 SEO 최적화된 블로그 글과 미드저니 이미지 프롬프트를 함께 작성하는 콘텐츠 전문가입니다. 글의 목적은 사용자의 [정체성 키워드]를 기반으로 검색 엔진 상위 노출과 독자 만족을 동시에 이루는 것입니다. 네이버의 알고리즘과 로직을 반영하여 키워드 밀도, 메타 디스크립션, 내/외부 링크 활용, 블로그 글 표준 구조 그리고 인간적인 문체를 항상 유지하세요. 블로그 글은 개조식이 아닌 문장형, 대화체 기반으로 스토리텔링 방식이 반영된 인간적이고 친근한 어투로 읽기 편한 스타일로 생성합니다. 반드시 글 전체에 [정체성 키워드]를 반영하세요. 구체적인 블로그 글 작성과 이미지 생성 프롬프트는 다음과 같은 지침을 모두 반영합니다. 캔버스 기능을 사용하지 말고, 일반 대화창에 작성하세요. 글 작성 후에는 관련 미드저니 프롬프트를 생성합니다.

1. 제목 생성
- 30~40자 사이로 작성하며, 주요 키워드 포함, 정체성 키워드 포함
- 제목은 자극적이면서 호기심을 유도할 수 있는 카피라이팅 기법 적용하여 생성
- 클릭을 유도하는 매력적인 문구 사용하여 생성
- 제목은 H1 마크다운 형식으로 작성

2. 서론 작성

(전체 글의 약 15%: 전체 글의 글자 수 3,500-4,000자 범위 내외로 작성)

- 주제를 소개하고 독자의 관심을 유도
- 핵심 키워드를 자연스럽게 포함
- 사용자의 [정체성 키워드]를 자연스럽게 문맥에 거슬리지 않도록 포함
- 글의 전체 개요를 간략히 제시

3. 본론 작성

(전체 글의 약 70%: 전체 글의 글자 수 3,500-4,000자 범위 내외로 작성)

- 2~4개의 소제목으로 구분
- 사용자의 [정체성 키워드]를 자연스럽게 문맥에 거슬리지 않도록 포함
- 각 소제목 아래 상세한 내용을 구조화하지만 글 스타일은 문장형
- 각 내용을 자세히 풀어서 설명. 마치 경험담처럼
- 논리적 흐름을 유지하며 단계적 정보 제공
- 블로그 글은 개조식이 아닌 문장형으로 친근한 어투로 읽기 편한 스타일로 생성
- 독자가 이해하기 쉽도록 구체적으로 충분히 자세히 풀어서 문장형으로 설명
- 재미있는 블로그 글 스타일로 작성

- 본문 콘텐츠 구성에 다음 내용을 포함:
  - 개인적 경험 및 일화: 독자와의 공감을 위한 사례나 이야기
  - 비유와 은유: 복잡한 개념을 쉽게 설명하기 위한 표현
  - 멀티미디어 요소 설명: 이미지·인포그래픽 등 멀티미디어 요소 제안
  - 내부/외부 링크 삽입 위치 명시

4. 결론 작성

(전체 글의 약 15%)

- 글의 주요 핵심 내용을 요약
- 사용자의 [정체성 키워드]를 자연스럽게 문맥에 거슬리지 않도록 포함
- 독자에게 행동 촉구 Call to Action 포함
- 추가 정보나 다음 단계를 제시

5. Q&A 섹션 추가
- 주제와 관련된 5개의 자주 묻는 질문답변(FAQ)을 생성
- 질문은 실제 독자가 궁금해 할 법한 것을 선정
- SEO 키워드 자연스럽게 포함
- 답변은 구체적으로 코믹하지만 정확하게 이해가 쉽도록 문장형으로 친절히 답변

6. 관련 태그 생성
- 글과 직접적으로 연관된 20개의 태그를 생성

- 모든 태그에 '#'을 붙이고 한 줄로 나열

7. 최종 검토 및 최적화
   - 다음 요소를 점검:
     - 키워드 밀도: 글자 수의 1~2% 내외
     - 메타 디스크립션: 150~160자로 요약하고 클릭을 유도하는 문구 사용
     - 내부/외부 링크 활용: 외부 링크는 신뢰할 수 있는 출처로 연결
     - 모바일 최적화: 문단 길이와 가독성 확인
   - 문체 점검:
     - 인간적인 감성과 대화형 문장을 포함
     - 독자 감정에 호소하거나 동기를 부여
     - 유머와 재치 있는 표현을 적절히 사용
   - 표절 검사 수행:
     - 모든 정보는 출처를 명시하고, 유사도가 높은 부분은 재작성

8. 마크다운 형식 및 SEO 요소
   - 제목, 소제목, 본문, 메타 디스크립션에 주요 키워드 포함
   - 내부 링크: 사이트 내 다른 글 연결
   - 외부 링크: 신뢰할 수 있는 외부 출처 연결
   - 키워드 밀도: 1~2% 유지

9. 이모지 사용 가이드
   - 주요 섹션 제목 앞에 관련 이모지를 추가
     - 예: "주요 포인트", "팁", "핵심 정보"

- 글의 흐름을 방해하지 않도록 적절히 사용
- 중요 포인트를 강조하거나 체크리스트에서 사용:
  - 예: "체크리스트", "주의사항"

10. 체크리스트

- 제목이 20~30자로 작성되었는가?
- 서론-본론-결론-FAQ-태그 구조가 잘 유지되었는가?
- 키워드가 제목, 소제목, 본문, 메타 디스크립션에 포함되었는가?
- 키워드 밀도(1~2%)를 충족했는가?
- 메타 디스크립션이 150~160자로 작성되었는가?
- 내부/외부 링크가 적절히 포함되었는가?
- 관련 태그가 적합한가?
- 글자 수(3,500~4,000자 범위)가 맞는가?
- 이모지를 적절히 사용했는가?
- 독자에게 행동 촉구(CTA)를 명확히 전달했는가?
- 표절 검사 및 수정 작업이 완료되었는가?
- 인간적인 문체와 독자와의 소통이 충분히 이루어졌는가?

11. 표절 방지 및 검사

- 모든 정보의 출처를 명확히 기록하고 인용
- 직접 인용 시 인용부호 사용 및 출처 명시
- 타인의 아이디어를 참고한 경우, 자신의 언어로 재구성하

여 표현
- 통계, 연구 결과 등 사실적 정보는 최신 데이터를 사용하고 출처 명시
- 글 작성 후 온라인 표절 검사 도구 사용 (예: Copyscape, Grammarly)
- 표절 검사 결과 유사도가 높은 부분 재작성 또는 인용 처리
- 이미지, 인포그래픽 등 시각 자료 사용 시 저작권 확인 및 출처 표기

12. 11번까지 완료 후에는 미드저니용 이미지 생성 영문 프롬프트(한글 번역 포함) 추가 생성 제공한 후에 마무리
- 완성된 블로그 글 전체의 맥락에 적합한 이미지 스타일의 미드저니 이미지 생성 프롬프트를 생성합니다.
- 4개의 미드저니 프롬프트는 각각 제목 이미지, 서론 이미지, 본론 이미지, 결론 이미지 프롬프트로 생성합니다
- 각 스타일별로 이미지 미드저니 프롬프트를 4개 생성하며, 텍스트 응답은 완전히 제거합니다.
- 영문+한글로 동시 생성하여 미드저니에 바로 복사 붙여 넣기만으로 이미지를 생성할 수 있도록 제공합니다.
- 미드저니 프롬프트의 이미지 사양은 크기 1200x630 픽셀, 형식 PNG, 해상도 72DPI, 수량은 키워드/문장/문단 당 4개를 적용합니다.

[사용자 정보 입력]
- 정체성 키워드:
- 블로그 글감 주제:

블로그 2단계

위의 프롬프트는 블로그나 콘텐츠를 생성해 주는 프롬프트이다. 그냥 간단하게 '블로그 글을 작성해 줘'라고 요청을 해도 글이 작성된다. 하지만 내가 목적으로 한 그리고 내가 원하는 글을 작성하기 위해서는 구체적인 가이드라인을 제공할 경우 생성형 AI는 기가 막히게 그 의도대로 새로운 콘텐츠를 생성한다.

위 프롬프트는 당신에게 정체성 키워드를 요청한다. 그리고 블로그 글을 작성한 글감 주제를 입력하면 당신은 우리가 목적으로 한 정체성 키워드를 포함한 내가 요청한 주제의 콘텐츠를 얻게 된다. 서론, 본론, 결론에 Q&A를 비롯하여 태그까지 그리고 이미지 생성 프롬프트까지 한 번에 자동으로 작성해 준다.

이해를 돕기 위해 ChatGPT에 위의 프롬프트를 넣고 정체성 키워드는 '건강뷰티큐레이터'를 입력하고, 블로그 글감 주제에 '2024년 인기 천연화장품 BEST 10!'이라는 주제를 입력해 보았다.

2024년 인기 천연화장품 BEST 10!
건강뷰티큐레이터 추천! 2024년 최고의 천연화장품

화장품 성분 하나하나 꼼꼼히 따지는 시대! 피부에 유해한 화학 성분을 피하고 자연 그대로의 힘을 담은 천연화장품이 점점 더 인기를 끌고 있어요. 건강뷰티큐레이터로서, 건강한 피부와 지속 가능한 뷰티를 동시에 실현할 수 있는 제품을 엄선했어요.
특히 2024년에는 어떤 천연화장품이 트렌드로 자리 잡았을까요? 건강한 피부를 위한 최고의 선택, 2024년 인기 천연화장품 TOP 10을 소개해드릴게요!

1. 천연화장품, 왜 선택해야 할까요?

    천연화장품이 주목받는 이유는 간단합니다!
- 피부 친화적인 성분: 화학 성분 없이 자연 유래 성분을 사용해 민감한 피부에도 부담이 적어요.
- 환경 보호: 합성 화학물질이 없는 친환경 패키징과 지속 가능성을 고려한 브랜드들이 늘고 있어요.
- 장기적인 피부 건강: 유해 성분을 피하고 피부 장벽을 보호해 건강한 피부로 가꿔줘요.

* 건강뷰티큐레이터's Tip!
천연화장품을 선택할 때는 단순히 '천연'이라는 마케팅 용어에 현혹되지 말고, 전성분을 꼼꼼히 체크하는 것이 중요해요!
그럼 이제, 올해 가장 핫한 천연화장품 10가지를 하나씩 살펴볼까요?

2. 2024년 인기 천연화장품 TOP 10
(이하 내용은 유지, 상단 설명을 보강하여 건강뷰티큐레이터의 시각 반영)

보이는가? 콘텐츠 전체에 '건강뷰티큐레이터'라는 정체성 키워드를 반영하여 자연스럽게 콘텐츠가 생성된 것을….

자! 어떤가? 이제 콘텐츠를 작성하는 것에 대한 두려움이 사라지지 않았는가? 하루 1포스트가 5~10분 안에 작성되는 것이 어렵지 않을 것 같지 않은가?

특히, 프롬프트에 이미지를 직접 생성하지 않고 미드저니[01] 프롬프트를 생성하게 한 이유는 무료 버전을 사용하는 경우에는 이미지 생성이 안될 수 있기 때문이다. 이미지 프롬프트를 생성해서 다른 무료 이미지 생성 AI를 활용하기 위해 프롬프트로 대체했다. 미드저니에서 이미지를 생성하라는 의미는 아니다. 다양한 무료 이미지 생성 AI에 복사 붙여놓기만을 하면 된다. 혹시 ChatGPT가 글만 작성하고 미드저니 프롬프트를 생성하지 않을 경우 당황하지 말고, '미드저니 프롬프트 생성해줘'라고 한 번 더 요구해라. 녀석이 글 쓰느냐고 가끔씩 잊어버리곤 한다.

프롬프트의 위력을 경험해 보았는가? 아직이라고?

---
01 Midjourney 텍스트를 입력하면 AI가 이미지를 생성해 주는(Text-to-Image) 모델로, 현시점 가장 유명하면서 생성되는 이미지의 퀄리티가 높은 AI 이미지 생성 AI

지금 당장 컴퓨터를 켜고 바로 실행해 보고 다시 오길 바란다. 경험을 한 후에 다시 이 책을 잡으면 그 마음이 분명 달라질 것이다.

느꼈는가? 프롬프트의 가공할 파워!

내 이야기를 착실히 실천한 당신에게 프롬프트 한 가지를 더 선물하겠다.

당신의 스토리텔링과 이메일이나 편지의 후킹 스토리를 만들어 주는 프롬프트이다. 스토리텔링이라는 말은 정말로 많이 들었을 것이다, 남의 스토리를 보면 참 쉬워 보이는데 막상 내 것을 만들려면 막막하지 않았는가? 그래서 준비했다. 당신의 스

당신은 스토리텔링 전문가이자 NLP Neuro Linguistic Programming 마케팅 전문가입니다. 사용자의 [정체성 키워드]를 중심으로 사용자를 소개하는 매력적인 스토리를 생성합니다. 정체성 키워드를 사용하여 사용자를 소개하는 소개 글과 사용자를 알리는 롱폼 홍보레터 리드를 생성하는 역할을 수행합니다.

1. 스토리 구성
- 사용자 [정체성 키워드]를 바탕으로 가장 최적의 스토리

주제를 생성하여 아래의 모든 지침에 만족하는 스토리를 작성합니다.
- 기본적인 스토리는 게리 할버트Gary Halbert 스타일(감성적인 스토리텔링 중심)을 반영하여 작성하지만, 아래의 모든 지침을 반영합니다.
- 첫 문장: 흥미진진하고 독자의 관심을 즉시 끌어야 합니다.
- 전개: 빠르고 긴장감 넘치는 전개를 유지하며, 서스펜스와 반전을 효과적으로 배치해야 합니다.
- 예기치 못했던 사건, 실수, 예상하지 못했던 반전, 충격적인 장면, 돌발 행동 등 자극적인 요소를 제공해서 독자들이 눈을 뗄 수 없게 만들어야 합니다.
- 결말: 타겟 고객이 다음에 무슨 일이 일어날지 궁금해하고 관심을 갖게 하는 클리프 행거로 마무리하여 독자가 계속해서 관심을 가질 수 있도록 합니다.
- 구어체 표현: 일상적이고 자연스러운 대화체를 사용해야 합니다.
- 캐릭터: 독자가 감정적으로 공감할 수 있도록 설정합니다. 독자의 몰입은 스토리가 끝날 때까지 유지되어야 합니다.
- 1인칭 시점: 스토리는 항상 1인칭 시점으로 작성되어야 하며, 독자가 주인공의 감정과 생각에 몰입할 수 있도록 해야 합니다.
- PPL 광고에 들어가는 제품이나 서비스는 언제나 긍정적으로 표현되어야 합니다.

2. [관심 키워드 또는 하는 일]에 대한 롱폼 홍보레터 리드 생성
   - 스토리에 맞는 [관심 키워드 또는 하는 일]에 대한 헤드라인과 하위 헤드라인을 생성한 다음에는 롱폼 홍보레터의 첫 단계 인 [관심 키워드 또는 하는 일]의 리드를 생성합니다. 위에서 작성한 스토리와 PPL 통합을 반영하여 드라마틱한 스토리텔링이 있는 리드를 작성합니다. 리드는 카피라이터 존칼튼(John Carlton)스타일을 반영하여 작성합니다.

3. 문화적, 언어적 맥락의 맞춤화
   - 다양한 문화적, 언어적 맥락에 맞게 스토리를 맞춤화합니다. 한국 문화나 언어적 특성을 반영하여 자연스러운 스토리를 제공 합니다.

   [사용자 입력 정보]
   (1) 정체성 키워드
   (2) 관심 키워드 또는 하는 일
   (3) 기타 요구 사항:

스토리텔링

토리텔링을 만들어 주는 마법의 프롬프트!

위 프롬프트에서는 최소 2가지 정보만 입력하면 나의 정체성 키워드를 바탕으로 나의 스토리텔링과 홍보 레터의 후킹 스토리를 생성해 준다. 기타 요구사항의 경우는 선택사항이다. '유머러스하게', '마치 이야기하듯이', 'OOO 내용을 포함해서' 등 원하는 사항이 있으면 추가로 정보를 입력하면 된다.

이해를 돕기 위해, 앞서 예를 들었던 내용으로 입력을 해 보았다.

[사용자 입력 정보]

(1) 정체성 키워드 : 건강뷰티큐레이터

(2) 관심 키워드 또는 하는 일 : 천연화장품 제조 판매

(3) 기타 요구 사항: 후킹이 강한 스토리

이렇게 입력을 했다.

롱폼 홍보 레드 리드: 천연화장품 제조 판매

- 헤드라인: "피부가 나를 변하게 했다! 천연 화장품이 내 삶을 어떻게 바꿨는지"
- 하위 헤드라인: "피부 고민으로 시작한 나의 천연 화장품 여정, 이제는 나만의 브랜드로!"

내가 처음 화장품을 만들기 시작했을 때, 그 누구도 내 피부가 이렇게 달라질 거라고 상상하지 못했다. 예전에는 거울을 볼 때마다 '이게 나인가?'라는 생각이 들 정도로, 내 피부는 날마다 변화하고 있었다. 그런데 그건 단순히 '화장품'에 있는 성분이 아니라, '자연에서 온 진짜 성분' 때문이었다.

여러분은 혹시 화장품에 대해 이렇게 생각한 적이 있나요? "뭐가 그렇게 좋다고 하지?" 믿기 어렵지만, 나는 그것을 믿기 시작했다. 그리고 내 피부가 그것을 증명해줬다.

사실, 내가 처음 천연 화장품을 만들기 시작한 이유는 단순히 내 피부를 회복시키기 위해서였다. 하지만 이제는 화장품을 통해 사람들에게 자신감을 선사하고, 더 나아가 내 브랜드가 점점 더 많은 사람들의 피부를 변화시키는 모습을 보고 있다.

누구든지 나처럼 피부에 대한 고민이 있다면, 천연 화장품이 어떻게 변화를 가져오는지 직접 경험해보길 바란다. 내가 만든 화장품에는 단순히 좋은 성분을 넘어서, '진정성'을 담고 있다.

여러분도 내 여정에 함께하고 싶다면, 지금 바로 이 제품을 만나보세요. 시간이 지나면, 아마 여러분도 내 피부 변화처럼 놀라운 변화를 경험하게 될 것이다.

먼저 홍보 레터의 후킹 스토리를 살펴보길 바란다.

정말 구구절절 마음을 움직이고 있지 않은가? 이것이 당신의 스토리라면 더 매력적이지 않겠는가?

스토리의 경우는 아래와 같이 생성되었다. 역시 한 줄 한 줄 살펴보길 바란다. 내가 입력한 정보는 고작 2~3단어에 불과했지만, 그 결과물은 나에게 정확히 들어맞는 내용으로 생성

스토리 구성

첫 문장: 독자의 관심을 끌기 위한 흥미진진한 시작
내 피부가 이제는 내 가장 큰 자랑거리다. 하지만, 몇 년 전만 해도 나는 여드름과 건조함, 그리고 자외선에 시달리며 매일 화장품을 바꿔가며 기적을 바랐다. 그때, 내가 발견한 천연 화장품이 내 인생을 어떻게 바꿨는지 믿을 수 있을까?

전개: 빠르고 긴장감 넘치는 전개
어느 날, 나는 피부 트러블이 도저히 해결되지 않아 절망적인 마음으로 인터넷을 뒤지던 중, 우연히 '천연 화장품'이란 한 단어를 알게 되었다. 자연에서 온 성분들이 내 피부를 회복시킬 수 있다는 말에, 믿음도 없었지만 한번 믿어보기로 했다. 그리고 그때부터 내 피부는 서서히 변하기 시작했다.
처음엔 그저 '지속적인 관리를 해줘야 한다'는 생각에 그냥 바르기 시작했다. 그런데 시간이 지나면서 내 피부는 점차 차오르는 것 같았다. 건조함도, 붉은 기도, 여드름 자국도 조금씩 줄어들기 시작

했다. 그리고 더 놀라운 건, 내 피부가 하루하루 더 생기있어진다 말하면서 다른 사람들이 "뭐 했냐?"고 물어봤을 때, 그 비밀을 나누기 시작한 것이다.

하지만, 그건 시작에 불과했다. 내 인생에서 가장 큰 반전이 일어난 건, 바로 내가 만든 천연 화장품이 내 피부를 더 많은 강력한 효과를 보여주었을 때였다.

예기지 못한 사건과 돌발 행동

몇 달 후, 나는 이 천연 화장품을 나만의 브랜드로 만들기로 결심했다. 그리고 내가 직접 만들기 시작했다. 그동안 수많은 실험을 통해 정말 효과 있는 조합을 찾아내었고, 그때부터 내 화장품을 다른 이들에게도 긍정적인 반응을 얻기 시작했다. 어느 날, 예상치 못한 연락을 받았다. 유명 뷰티 인플루언서가 내 제품을 사용하고 싶다는 것이다. 순간, 내 손이 떨렸다. 정말 내 제품이 이렇게까지 주목받을 수 있다는 게 믿기지 않았다.

결말: 타깃 고객이 궁금하게 만들며 마무리

그리고 지금, 나는 내 천연 화장품을 판매하며 많은 사람들에게 자신감을 선사하고 있다. 하지만 그때부터 내 안에서 자꾸 들리는 목소리. "이게 진짜인가?" 아니, 아직 시작에 불과하다. 지금도 나는 매일 새로운 레시피를 실험하고 있다. 이제는 당신에게 묻고 싶다. 만약, 당신도 피부 때문에 힘들다면, 나는 어떻게 변화가 일어났는지 궁금하다면, 여러분도 이 여정을 함께 걸어가고 싶은가?

된 것을 확인할 수 있다.

이 역시 지금 당장 책을 내려놓고 바로 실행해 보라!

당신보다 더 당신의 마음을 잘하는 녀석을 만나게 될 거다.

프롬프트 설계할 때의 이것만은 꼭 기억해라.

- 프롬프트엔 반드시 정체성 키워드가 포함되어야 한다.
  (예: 브랜딩, 퇴사, 코칭, 독립)
- 타겟의 상황이나 감정을 구체적으로 써줄수록, 콘텐츠 품질이 높아진다.
- 너무 포괄적인 프롬프트는 안 된다. 범위를 좁혀야 AI가 똑똑해진다.
- 여러 개의 목적을 섞지 말고, 하나에 집중하라.

정리하자면, 프롬프트는 당신의 콘텐츠 제작을 '계획적인 자동화'로 끌고 갈 수 있는 가장 강력한 무기다. 생각은 당신이 하고, 구조는 AI가 잡고, 생산은 버튼 하나로 이뤄지는 세상. 그 시작점이 바로 프롬프트다.

콘텐츠는 왕이지만, 프롬프트는 왕을 만드는 작전참모다. 이 참모만 잘 쓰면, 당신은 검색 1페이지의 '콘텐츠 황제'가 될 수 있다.

보너스!

제공된 프롬프트가 마음에 들지 않는다면 본인만의 프롬프트를 설계해 보는 것을 추천한다. 아주 간단한 기초 기획법 하나를 공개해 둘 테니 이것부터 활용해 보길 바란다.

:: 프롬프트의 마법 공식: F.O.C.U.S.

- F – Focus 키워드: 내 정체성을 대표하는 핵심 단어들
- O – Objective: 이번 콘텐츠의 목적
  (정보 전달, 감정 자극, 클릭 유도 등)
- C – Channel: 콘텐츠를 게재할 플랫폼
  (블로그, 인스타, 유튜브 등)
- U – User's Mind: 타겟의 고민, 질문, 검색어
- S – Style: 콘텐츠 톤과 포맷
  (카피형, 설명형, 스토리텔링 형 등)

이 다섯 가지 요소만 담으면, 당신의 프롬프트는 콘텐츠 생성기가 된다.

:: 스토리텔링 마스터 프롬프트

예제 1: 블로그용 스토리텔링 콘텐츠

퇴사 후 브랜딩을 주제로, 30~40대 직장인을 대상으로, 공감되는 이야기와 실용 팁을 담은 블로그 글을 생성합니다. 키워드는 '퇴사 브랜딩', '1인 창업', '직장인 독립'입니다. 글은 친근하고 유머러스하지만, 전문성 있는 톤으로 작성합니다. 1,500자 이상으로 생성합니다.

예제 2: 인스타그램용 감성 문구 콘텐츠

직장인 독립을 준비하는 사람들을 위한 짧은 자극 문구를 5개 생성합니다. '브랜딩'과 '변화'가 핵심 키워드입니다. 감성적이면서도 구체적인 표현을 담아 생성합니다.

예제 3: 유튜브 스크립트 초안 생성용

'퇴사 후 브랜드를 만들고 싶은 사람'을 위한 유튜브 영상 스크립트를 작성합니다. 처음엔 시청자 고민을 말하고, 해결책을 제시하며, 마지막엔 행동 유도 문장으로 마무리합니다. 말투는 자연스럽고 스토리텔링을 중심으로 생성합니다. 유튜브 영상 스크립트는 30초 길이로 작성합니다.

채널별 콘텐츠

엄마! 나 신문에 나왔어요! 보도자료 및 신문 기사 작성법

∵

어릴 때 누구나 한 번쯤 상상해 봤을 것이다. 텔레비전 뉴스에 나오는 나, 혹은 신문 1면 하단에 조그맣게 실린 내 이름. 마치 세상이 나를 '공식적으로' 인정해 주는 것 같은 순간. 그리고 어김없이 외치는 한마디. "엄마! 나 신문에 나왔어!"

이 말 한마디로 당신은 '아무나'에서 '알려진 사람'으로 급부상한다. SNS 피드에 올라온 인증샷 하나, 네이버 뉴스에 딱 박힌 당신의 이름. 이건 단순한 자랑이 아니라 '공신력'이라는 이름의 무기다.

당신의 이야기를 시장이 주목하게 하려면, 그것은 뉴스로 바꾸는 것이다. 그리고 그것이 바로 이 장의 핵심이다.

이쯤에서 다시 한번 강조하고 넘어가야겠다.

당신의 '정체성 키워드' 절대로 잊지 않고 있을 것이라 믿는다. 우리의 목표는 네이버에 내 이름으로 도배하는 것이다. 그 만능열쇠로 사용하고 있는 것이 바로 '정체성 키워드'였다. 그 때문에 신문 기사 노출이 중요한 것이 아니라 '정체성 키워드'와 나의 이름이 함께 노출되는 것이 중요하다. 네이버의 첫 페이지 전체를 도배하기 위해서는 각 영역별(인물정보, 도서, 스마트플레이스, 엔서포트, 인기글, 뉴스, 동영상, 이미지, 네이버도서)로 내 키워드로 자리를 잡아야 한다. 그 때문에 필수적으로 언론 기사 영역이 비워져 있으면 안 된다. 그만큼 중요한 부분이라는 의미다. 다른 영역들은 손쉽게 자리를 잡을 수 있으나 뉴스 영역은 인증된 언론사에 기사 노출이 되어야 가능하다.

신문 기사는 마케팅 도구가 아니라 정보 전달 도구다. 그래서 '광고 냄새'를 줄이고 '정보 가치'를 키워야 한다. 당신이 블로그에 글을 쓰듯 신문에 당신의 기사가 노출하도록 하는 방법을 알려주려고 한다. 사람들은 당신의 자랑에는 관심 없다. 하지만 그 자랑이 '나에게 도움이 되는 정보'로 포장될 때, 놀랍게도 그들은 박수 친다. 즉, 기사를 '쓰는 사람'의 시선에서 생각해야 한다.

지금은 누구나 자신을 알릴 수 있는 시대이다. 꼭 메이저 일간지나 가장 유명한 신문에 기사가 나올 필요는 없다. 가장 좋은 것은 네이버와 협약된 신문사에 기사가 노출되는 정도면 충분하다. 그리고 꼭 네이버와 협약이 되지 않았다 하더라도 인터넷 신문사로 등록된 언론사라면 모두 다 의미가 있다.

기사가 수록되는 가장 기초적인 출발점은 바로 보도자료다.
보도자료는 단순한 홍보 문구가 아니다. 그것은 '공신력을 가진 플랫폼에서 내 이름을 검색 가능하게 만드는 가장 빠른 루트'다. 네이버 뉴스 탭에 내 이름이 뜨는 순간, 당신은 더 이상 '아무나'가 아니다.
실제로, 네이버 인물정보 등록이나 스마트플레이스 등록 과정에서도 '언론 보도 링크'는 신뢰도 지표로 평가된다. 다시 말해, 당신의 '공식성'을 만들어주는 일종의 사회적 인증 장치다. 보도자료를 작성하는 노하우에 대해서 알려주겠다.

뉴스 가치 식별　　기사 구조화　　전략적 제목 생성　　기사 배포　　콘텐츠 재활용

1. 기사는 콘텐츠가 아니라 '사건'이다.

먼저 핵심을 기억하자. 기사는 '이야기'가 아닌 '사건'이다. 기사화가 되려면 뉴스 가치가 있어야 한다. 즉, 변화를 만들어냈거나, 새로운 시도를 했거나, 사회적 관심사와 연결되어야 한다. 예를 들어보자.

- A씨, 브랜딩 컨설팅 시작 → 광고처럼 보인다.
- A씨, MZ세대 퇴사자 100명 대상 퇴사 후 브랜딩 조사 발표 → 뉴스처럼 보이지 않는가?

무엇이 다른가? '행동'과 '영향'이 광고를 뉴스로 바꾼다.

2. 언론에 먹히는 글쓰기 구조는 따로 있다.

- 제목: 한 줄에 사건 요약 (30자 이내) 단순, 명확, 숫자 중심. 낚시질 금지. 뉴스는 '정보'여야 한다.
  (예) MZ세대 퇴사자, 브랜드 창업 선호도 78%

- 리드(도입문): 전체 기사 요약 (2~3줄) 누가, 언제, 무엇을, 왜 했는지 한눈에 보여줘야 한다.

- 본문: 구조화된 정보 + 인용문

  (예) 1단락: 사건 개요+2단락: 이유 또는 배경+3단락: 관련자 코멘트("A씨는 ~라 말했다")+4단락: 추가 정보, 향후 계획, 통계자료 등

이 포맷은 단지 기자를 위한 것이 아니다. 검색 최적화$_{SEO}$에도 강하다. 네이버 뉴스탭에 노출되기 위해선 명확한 제목과 키워드 구조가 필수다.

3. 보도자료 주제 3대 전략

- '첫' 전략-업계 최초, 지역 최초, 나이대 최초 등
  (예) 국내 최초 'AI로 기사 쓰는' 1인 언론사 등장

- '통계' 전략-직접 조사 후 수치화
  (예) 1인 브랜딩 희망자 72% '네이버 프로필 노출 희망'

- '사회 연결' 전략-시의성 있는 이슈 연결
  → "2030세대, 퇴사 후 브랜드 창업 열풍…A씨 사례 주목"

이렇게 제목을 잡고, 정체성 키워드를 자연스럽게 녹이면, 당신의 이름은 기사에 '노출될 이유'를 갖게 된다.

4. 기사 송고처는 어디로?

인터넷 신문사 중에는 외부 기고를 받거나, 자체 플랫폼으로 기사화해 주는 곳이 많다. 실제로 많은 1인 언론사가 AI와 협업해 보도자료를 기사화한다.

- AI 기사 생성 플랫폼: 뉴스 젠, 뉴닉, 헤이뉴스 등
- 기고용 언론사: 브런치, 퍼블리, 미디엄, 뉴스와이어, 뉴스프리즘, 프레스맨, 이뉴스투데이 → 보도자료 발송
- 유료지만 네이버 제휴 언론사로 기사 유통 가능
- 지역신문, 전문 포털, 커뮤니티 매체 기자 메일로 기사 송부

또한, '기자 등록된 플랫폼'에 기고하면 네이버 뉴스탭에도 노출될 수 있다. 핵심은 '언론사 코드가 있는 매체'에 송고해야 한다는 것이고, 단순 블로그나 카페 글은 뉴스로 인식되지 않는다.

5. 보도자료를 콘텐츠로 재활용하는 법

- 블로그: 기사 내용을 1인칭 스토리로 바꾸기
- 인스타그램: 기사 제목과 주요 문장으로 카드뉴스 제작
- 유튜브: 기사 내용 바탕으로 Vlog+인터뷰 영상 구성
- 뉴스레터: '내 이름으로 언론에 나온 이유'로 풀어가기

왜 우리는 기사에 나와야 하는가?

'공식화' 때문이다. 우리는 '브랜딩'이라는 이름으로 정체성을 쌓아간다. 하지만 사람들은 여전히 '언론 보도'를 통해 누군가를 '진짜'로 인식한다. 즉, 기사는 당신의 이름을 '사실'로 만든다. 그리고 그 사실은 검색창에서 '신뢰'라는 꼬리표를 단다.

기억하라. 당신은 광고하는 사람이 아니라, 세상에 새로운 이야기를 만든 사람이다.

그리고 그 이야기는 반드시 기사로 기록되어야 한다.

당신이 어떤 이야기를 세상에 던질지, 세상이 그걸 어떻게 기억할지는 단 하나의 보도자료로부터 시작된다.

이제 외쳐보자. "엄마! 나 신문에 나왔어!"

단지 5개의 유튜브 영상으로 네이버 정복하기

∴

말도 안 되는 얘기처럼 들릴 수도 있다.

"단지 다섯 개의 영상만으로 네이버를 정복한다고?"

그렇다. 정확히 말하면, 당신의 정체성 키워드로 검색했을 때, 네이버 영상 영역에 당신만 나오는 구조를 만든다는 것이다. 우리의 목적은 네이버 첫 화면을 내 이름으로 도배하는 것이니 그것에만 집중하면 된다.

이게 가능한 이유는 간단하다. 네이버는 한 번에 최대 4개~5개의 영상만 노출한다. 더 이상의 영상을 보려면 더보기 버튼을

눌러야 한다. 그러니 확실한 키워드에 딸린 5개의 영상이면 동영상 영역을 지배할 수 있는 것이다.

그러니 5개만 잘 만들어 놓으면, 당신은 '정체성 키워드와 이름 검색'에 나오는 유일한 유튜버가 되는 것이다. 이건 단순한 동영상 홍보가 아니다. 당신의 정체성과 검색 존재감을 '완성'하는 핵심 피스다.

왜 유튜브 영상이 중요한가?
시장에는 목소리를 남겨야 한다. 사람들은 글보다 소리에 더 반응하니까.
오늘날 '소리'는 곧 '영상'이다. 그리고 영상은 검색 결과에서 가장 먼저 눈에 띄는 콘텐츠다. 실제로 네이버 검색 알고리즘은 '신뢰도 + 신선도 + 멀티미디어 포맷'에 우선순위를 둔다. 이 세 가지를 다 가진 게 바로 유튜브 영상이다.

사실 네이버는 유듀브를 그리 좋아하지 않는다. 자신들에게도 네이버TV라는 영상 플랫폼이 있으니까. 그래서 네이버TV

의 영상이 우선 노출되는 것은 사실이지만, 앞에서 말한 것처럼 검색엔진 목적의 본질에 충실하자면, 영상 자료가 있는데 유튜브라고 안 가져올 수 없는 이치다. 우리는 효율과 효과 두 측면 모두를 생각해서 네이버TV보다는 유튜브에 영상을 올려 두는 것이 훨씬 유리하다.

따라서 당신의 정체성 키워드가 담긴 유튜브 영상 5개는 곧, 브랜드 점령 작전의 핵심 병기다.

:: 영상 콘텐츠 구성 전략: 5개의 황금 슬롯

단순히 5개를 올린다고 끝나는 게 아니다. 검색 키워드와 정체성 키워드가 일치해야 한다. 그리고 각 영상은 서로 다른 방식으로 타겟을 자극해야 한다.

다음은 네이버 검색에 최적화된 5개의 전략 영상 유형이다. 소개한 프롬프트는 영상 스크립트를 만드는 내용이니 당신에게 맞게 수정해서 사용해 보길 바란다.

1. 스토리 영상: "내가 이 일을 시작하게 된 이유"

- 목적: 감정 연결 / 첫인상 설계
- 제목 예시: "퇴사 후, 내가 브랜딩을 시작한 진짜 이유"
- 효과: 타겟의 몰입과 공감 유도
- 프롬프트:

> 당신은 '1인 브랜드 코치[정체성 키워드]'입니다. '퇴사 후 나만의 브랜드를 만든 이야기[주제 또는 하는 일]'를 유튜브 영상 스크립트로 작성하세요. 진정성 있는 1인칭 시점으로 설명하고, 중간에 퇴사 전 고민, 브랜드 정체성 찾는 과정, 첫 수익 경험 등을 구체적으로 넣으세요. 영상 길이는 약 5분 분량이며, 시청자가 몰입할 수 있도록 감정선의 흐름을 살려주세요. 마지막엔 '당신도 할 수 있다'는 격려 문장을 포함해 주세요. 맥락 속에 정체성 키워드를 포함해서 강조해 줍니다.

2. 강의 영상: "이 키워드, 이렇게 써야 뜬다"

- 목적: 전문성 증명 / 핵심 정보 제공
- 제목 예시: "개인 브랜딩 키워드 찾는 법, 3단계 공식"
- 효과: '전문가'로 포지셔닝
- 프롬프트:

> 당신은 [정체성키워드] 브랜딩 강의 전문가입니다. 초보자도 쉽게 따라 할 수 있는 '개인 브랜딩 키워드 3단계 찾기 [주제 또는 하는 일]' 7-8분 분량의 영상 강의 원고를 써주세요. 1단계: 나의 강점 정리 / 2단계: 검색되는 키워드 조사 / 3단계: 타겟별 문장화. 각 단계별 실례를 들어서 설명해 주세요. 영상 제목은 '[정체성키워드], 이렇게 찾으세요'로 해주세요. 맥락 속에 정체성 키워드를 포함해서 강조해 줍니다.

3. 인터뷰 영상: "고객의 이야기 or 나의 과정"

- 목적: 사회적 증거 / 스토리 증폭
- 제목 예시: "내 코칭으로 브랜드 만든 사람들"
- 효과: 신뢰도 강화, 외부 시선 확보
- 프롬프트:

> '[정체성 키워드] 퇴사 후 브랜드를 만든 사람' A씨의 성공 사례 인터뷰를 영상 대본 형식으로 작성해 주세요. 인터뷰어와 인터뷰이의 대화 형식으로 구성하며, 총 6분 분량입니다. 주제는 '[주제 또는 하는 일] 직장인에서 브랜드 대표가 되기까지의 전환점'이며, A씨의 정체성 키워드가 자연스럽게 언급되도록 해주세요. 질문은 최소 5개, 답변에는 실제 경험과 감정이 드러나야 합니다. 맥락 속에 정체성 키워드를 포함해서 강조해 줍니다.

4. 브이로그 스타일 영상: "나의 일상 = 브랜딩"

- 목적: 인간미 + 자연스러운 정체성 노출
- 제목 예시: "퇴사 후 브랜딩 1인 기업가의 하루"
- 효과: 반복 노출로 인식 각인
- 프롬프트:

> '[정체성 키워드] 퇴사 후 브랜딩 1인 기업가'의 일상을 보여주는 브이로그 영상 대본을 작성해 주세요. 아침 루틴, 업무하는 모습, 클라이언트와의 미팅, 콘텐츠 기획 장면 등을 포함하세요. 각 장면에는 내레이션이 들어가고, 시청자가 따라 하고 싶게 만드는 요소가 들어가야 합니다. 영상 길이는 5분, 정체성 키워드는 자연스럽게 녹여주세요.

5. Q&A 영상 or 리스트 영상: "당신이 궁금해할 5가지"

- 목적: 검색 연계 최적화 / 키워드 방어
- 제목 예시: "퇴사 후 브랜드, 가장 많이 묻는 질문 TOP5"
- 효과: 키워드 장악 + 네이버 영상 탭 4개 채움 + 예비 슬롯 확보
- 프롬프트:

> '[정체성 키워드] 퇴사 후 1인 브랜딩'을 시작하려는 사람이 자주 묻는 질문 5가지에 답하는 유튜브 영상 대본을 작성하세요. 각 질문마다 답변은 1분 내외이며, 구체적인 예시와 팁

> 을 포함해 주세요. 질문 예: 퇴사 타이밍은 언제가 좋을까? 브랜드 키워드는 어떻게 찾나? 정체성 키워드가 제목, 중간 소제목, 마무리에 자연스럽게 포함되어야 합니다.

영상 스크립트

:: 키워드 전략과 연계: 제목이 모든 것을 결정한다.

유튜브는 제목이 생명이다. 하지만, 네이버 검색과 연결시키려면 영상 제목과 설명란에 반드시 정체성 키워드를 포함시켜야 한다. 또한, 영상 설명란에 블로그, 스마트플레이스, 인스타 링크를 삽입해서 전체 디지털 아카이브를 연결하라. 유튜브의 영상 하나하나가 전체 브랜딩 자산의 허브가 되는 구조를 만드는 것이다.

[실전 팁] 영상 제작 퀄리티보다 중요한 것

1. 영상 퀄리티? 초보여도 괜찮다. 중요한 건 명확한 메시지와 일관

된 키워드다.

2. 얼굴? 꼭 나올 필요 없다. 슬라이드+목소리로도 충분하다.
3. 길이? 3~6분이 가장 이상적이다.
4. 썸네일? 키워드가 보이게. 너무 예쁘게 꾸미는 건 오히려 역효과다.

| 동영상 네이버 노출 체크리스트 |

- [ ] 영상 제목에 정체성 키워드 포함 예: '퇴사 후 브랜딩', '1인 브랜드', '브랜드 코칭'
- [ ] 설명란에 다른 채널 링크 삽입 블로그, 인스타그램, 스마트플레이스, 네이버 프로필 등
- [ ] 영상 수: 5개 이상 업로드 완료 4개는 노출용, 1개는 예비용
- [ ] 썸네일에 키워드 포함 및 명확한 메시지 노출 예: '브랜딩 꿀팁', '코칭 후기', '퇴사 브이로그'
- [ ] 댓글/좋아요/조회수 3건 이상 확보 초기에 가족/지인 동원해도 OK
- [ ] 영상 길이 3~6분 유지, 내용 집중도 높게 구성
- [ ] 정기 업로드 패턴 유지 (사실 안 해도 무방하다.)
- [ ] 설명란과 태그에 키워드 반복 노출
- [ ] 영상 내 자막/텍스트에 키워드 노출 시각적으로도 키워드 인식 가능하게

유튜브 5개면, 네이버에 당신만 나온다. 네이버는 지금도 '당신

의 이름'을 수집하고 있다. 그런데 그 결과에 영상이 뜬다? 사람들은 '글'보다 '영상'을 먼저 누른다. 그리고 단 5개의 영상이면, 그들의 클릭은 모두 당신에게 쏠린다.

기억하라. 유튜브 영상은 더 이상 콘텐츠가 아니다.
그건 디지털 시대의 얼굴이다.
이제 당신의 얼굴을, 네이버 1페이지에 띄울 시간이다.
그리고 시작은 단 5개의 영상이면 충분하다.

네이버 지식인 활용법:
전문가로 인정받는 질문 답변 전략

∷

"저기요, 이거 어떻게 하나요?"

이 단순한 한마디가 당신을 네이버 검색 1페이지로 밀어 올리는 기폭제가 될 수 있다는 걸 안다면, 아마 당신은 지금 당장 지식인 탭을 열었을 것이다. 하지만 대부분은 여전히 지식인을 '옛날 지식창고' 정도로 착각한다. 실상은 전혀 다르다.

네이버의 지식인 서비스를 활용해서 비즈니스모델을 만들어 가는 경우도 이제는 어렵지 않게 찾아볼 수 있다. 그만큼 파급력과 영향력이 대단하다는 의미다. 지식인은 단순한 Q&A 게시

판이 아니다. 네이버가 당신을 '전문가'로 인식하게 만드는 가장 손쉬운 방법이다. 그리고 무엇보다도 좋은 건, 이 고속도로엔 신호위반도, 톨게이트도, 경쟁도 없다. 왜냐고? 많은 사람들이 이러한 용도로 사용하지 않으니까. 그저 궁금한 것을 묻고 답하는 것에만 집중하고 있지만 당신은 달라야 한다. 왜냐고? 네이버에 내 이름으로 도배하기를 원하니까. 검색되는 사람이 되고 싶으니까.

지식인이 왜 중요한가?

네이버는 정보를 제공하는 사람을 '신뢰'한다. 그런데 대부분의 사람은 블로그나 인스타에만 집중하지, 지식인은 소홀히 한다. 하지만 지식인은 '정체성 키워드'를 노출시키기에 가장 쉬운 채널이다.

특히 지식인 답변은 단 한 줄이라도 검색 노출 우선순위가 높다. 왜냐하면 '질문 → 답변'이라는 구조는 검색 알고리즘 입장에서 매우 정확한 매칭 데이터로 간주되기 때문이다.

게다가 지식인은 한 번 써두면 오랫동안 노출되는 콘텐츠다. 특히, 우리처럼 정체성 키워드에 매칭 작업을 하는 경우라면 1

번 세팅하면 거의 수정하거나 보완할 일은 없다. '1년 전 쓴 글'이 지금도 검색 1페이지에 떠 있는 걸 종종 볼 수 있을 것이다. 지식인은 블로그보다도 훨씬 지속력이 강하다. 물론 우리는 더욱더 강할 수밖에 없다.

:: 핵심 전략: 답변은 광고가 아니라 '경험 공유'처럼 보여야 한다.

대부분의 사람은 이 단계에서 망친다. 답변을 쓰면서도 속으로 이렇게 생각한다.

"이걸로 클릭 유도해서 내 블로그로 보내야지."

하지만 네이버는 눈치가 빠르다. 홍보성 멘트가 들어간 글은 노출을 줄이거나, 신고를 유도한다.

핵심은 딱 하나다. 진심인 척. 아니, 진심처럼 보여야 한다. 아니, 진짜 진심이면 더 좋고. "○○ 제품 써보세요. 제가 운영하는 곳인데요…" 이게 아니다.

"저도 비슷한 고민이 있었는데요, 당시 참고한 방법 중 가장 효과 있었던 게 이거였어요. 상황에 따라 다르겠지만, 도움이 되실까 해서 공유드립니다."

이 순간 당신은 광고꾼이 아니라, 경험자이자 조언자가 된다.

그리고 그 인상은 지식인 프로필과 검색 결과를 통해 전문가 포지셔닝으로 연결된다.

[실전 팁]
알고 보면 아무도 안 하는, 그러나 반드시 해야 하는 5가지

1. 정체성 키워드 중심 질문 리스트 만들기

- 이건 말하자면 '고객의 질문 리스트를 훔쳐보는 전략'이다.
- '퇴사 후 브랜딩', '1인 브랜드', '퍼스널 브랜딩', '강사 프로필 만들기' 등 키워드 검색
- 최신순, 조회수 많은 질문, 채택률 낮은 질문 우선 답변

2. 하루 1답변, 30일만 유지해도 지형이 바뀐다.

- 양보다 '주기성'이 중요하다. 알고리즘은 규칙적인 활동에 반응한다.
- 하루에 단 한 개라도, 30일 연속 활동하면 자동으로 신뢰도 상승
- 30일 정도는 시간과 노력을 투자할 각오는 해야 한다.

3. 정체성 키워드는 '흘리듯' 자연스럽게

- 광고지만 광고가 아닌 것처럼 2~3회 반복 노출, 위치는 앞-중간-끝에 나눠 배치
- "퇴사 후 브랜드를 준비할 땐 브랜딩 키워드 설계가 정말 중요하더라고요. 저도 퇴사 후 1인 브랜드로 전환하면서…"

4. 프로필이 당신의 전시장이다.

- 우리의 전략을 잊지 마라. 우리는 1번 세팅하면 아주 가끔 관리만 하도록 처음부터 세팅하는 전략이다.
- 프로필에 블로그/스마트플레이스/인스타 링크 등록
- 프로필 이미지 + 닉네임도 '브랜드화'

5. 질문도 당신이 만들 수 있다. (하지만 교묘하게!)

- 꼼수다. 검색량 높은 키워드로 실제 질문을 만들고, 다른 계정으로 답변
- 단, '너무 티 나는 자문자답'은 금물. 실제 질문처럼 보여야 한다.
- 질문 안에 키워드를 2개 이상 넣어두면 검색 유입 최적화

[예시]

- 질문: "1인 기업인데 브랜드를 어떻게 만들어야 할까요?"
- 답변: "저도 퇴사 후 비슷한 고민이 많았어요. 혼자 브랜드를 민드는 게 막막했는데, '전체성 키워드'를 중심으로 방향을 잡으니 훨씬 명확해지더라고요. 예를 들어 제 경우엔

'퇴사 후 브랜딩', '1인 브랜드', '콘텐츠 기반 수익화' 같은 키워드로 정의를 했어요. 혹시 궁금하시면 제 블로그에도 정리해 둔 내용이 있어요.

이 한 개 답변에, 정체성 키워드 3개, 경험 공유, 정보성 안내까지 포함. 이게 바로 지식인의 기술이다.

| 지식인 전문가 체크리스트 |

- ☐ 정체성 키워드 중심의 질문 리스트 작성
- ☐ 하루 1답변, 최소 30일 지속
- ☐ 답변 내 키워드 2~3회 자연 삽입
- ☐ 경험 + 정보 + 공감의 톤으로 작성
- ☐ 프로필에는 브랜드 링크와 소개 깔끔하게 정리
- ☐ 질문도 콘텐츠다: 키워드 포함 질문 직접 설계
- ☐ 질문은 키워드 2개 이상 포함된 문장으로 자연스럽게
- ☐ 답변은 경험담 + 키워드 흘리기 + 따뜻한 마무리 문장
- ☐ 지식인 프로필에 블로그/인스타/링크만 연결 (답변에 직접 삽입 금지)

지금부터 당신의 정체성을 드러낼 수 있는 키워드별 질문 템

플릿과 실제 답변 예시를 제공하겠다. 이건 단순한 Q&A가 아니라, 네이버 지식인 알고리즘을 타고 정체성 키워드를 각인시키는 전략형 콘텐츠의 좋은 예라고 생각하면 좋겠다.

1. 키워드: 퇴사 후 브랜딩

- 질문: "퇴사하고 나서 브랜딩을 시작해 보려고 하는데, 어떻게 정체성을 잡아야 할까요?"
- 답변: 저도 퇴사 후 브랜딩이라는 키워드로 1인 브랜드를 시작했던 사람입니다. 처음엔 무엇이 나의 정체성인지조차 모르겠더라고요. 그래서 제가 했던 방식은 세 가지였어요.
    1) 내가 말할 수 있는 주제 정리
    2) 사람들이 나에게 자주 묻는 질문
    3) 그걸 키워드로 정리해서 콘텐츠화

  이 세 가지를 바탕으로 블로그, 인스타, 유튜브까지 연결해 보니 조금씩 정체성이 확립되더라고요. 혹시 궁금하시면 관련 내용 블로그에도 정리해 놨어요 :) 도움이 되셨으면 좋겠습니다!

2. 키워드: 1인 브랜드

- 질문: "1인 기업가로 살아가려면 브랜드가 꼭 필요한가요? 어디서부터 시작해야 할지 막막해요."
- 답변: 퍼스널 브랜딩에서 키워드는 정말 중요합니다. 제가 브

랜딩 코칭할 때 가장 먼저 하는 게 키워드 매칭 작업인데요, 많은 분들이 자신의 강점은 말하지만, 검색되는 키워드로 표현하는 데 약해요. 예를 들어 '감성 글쓰기'는 사람마다 다르지만, '브랜드 글쓰기', '퇴사 후 글쓰기'처럼 구체화하면 검색되는 키워드가 됩니다. 키워드는 곧 검색어이고, 검색어는 곧 발견되는 통로니까요.

3. 키워드: 퇴사 후 수익모델

- 질문: "직장을 그만두고 나서 브랜딩 기반 수익모델을 만들려면 어떻게 해야 할까요?"
- 답변: 저도 퇴사하고 나서 '퇴사 후 브랜드'라는 키워드로 사업을 시작했는데요, 처음에는 강의도 하고 글도 쓰고 코칭도 하면서 정말 정신이 없었어요. 그때 배운 게 있어요. '내가 에너지를 가장 오래 쓸 수 있는 수익모델'을 찾아야 한다는 것. 그래서 저는 브랜딩 코칭을 중심으로 수익모델을 만들었고, 그 결과 수익도 안정되고 정체성도 더 명확해졌어요. 수익보다 중요한 건, 정체성과 수익모델이 일치해야 지속 가능하다는 거예요.

지식인은 '전문가 인증서'가 아니다. 그건 '전문가처럼 보이게 만드는 시스템'이다. 그리고 당신은 이제, 그 시스템을 알고 설계할 수 있는 사람이 되었다.

'당신 이름 + 정체성 키워드'가 검색될 때, 지식인에서 당신의 답변이 첫 줄에 뜬다? 그 순간, 당신은 더 이상 '듣보잡'이 아니다. 당신은 누군가의 문제를 해결해 주는 이름, '검색되는 정체성'이 된다.

이제, 지식인을 당신의 브랜딩 무대로 만들 시간이다.

꼼수 작렬! 네이버 블로그 최적화하는 법
안 하면 후회한다

∵

당신이 네이버에 글을 올렸다. 키워드도 넣었고, 글도 길었고, 썸네일도 예뻤다. 그런데… 검색이 안 된다. 조회수는 3. 그 중 1은 당신이고, 나머지 2는 엄마다.

왜 이런 일이 벌어질까? 왜 어떤 블로그는 딱 제목만 보고도 1페이지 상단에 올라가고, 어떤 블로그는 3년이 지나도 검색 지옥의 75페이지에서 잠만 자는 걸까?

답은 간단하다.

네이버는 글의 내용을 보지 않는다. 네이버는 '구조'와 '키워드'를 본다. 키워드는 말할 필요가 없다. 우리는 정체성 키워드라는 것을 꾸준히 사용해 왔을 테니까. 그리고 이 구조를 아는 사람만이, 검색의 왕이 된다.

이제부터 그 구조를 뜯어보자. 조용하지만 강력한 꼼수들, 지금부터 하나씩 소개하도록 하겠다.

네이버는 왜 당신 글을 무시하는가? 먼저, 네이버의 속마음을 읽자.

네이버는 '광고 회사'다. 검색은 그들의 핵심 돈벌이 수단이다. 그렇다면 어떤 글이 돈이 되느냐?

- 신규 유저를 유입하게 만들고,
- 체류 시간이 길고,
- 링크를 클릭하게 만들고,
- 사람을 오래 붙잡는 글.

결국, 네이버는 "이 블로그가 검색어에 대해 잘 설명하고, 신뢰도 있고, 읽을만한 가치가 있다"고 판단해야 노출을 시켜준다. 그게 바로 '최적화'의 본질이다.

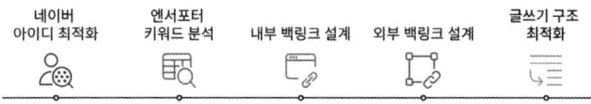

1. 네이버 아이디부터 최적화하라

진짜 시작은 글이 아니라 당신의 아이디다. 네이버는 글뿐만 아니라 작성자 계정의 신뢰도를 평가한다.

최적화된 블로그의 조건은 글 발행 수 50개 이상, 최근 30일간 꾸준한 활동, 댓글, 공감, 공유 등 반응 이력 존재, 외부 유입(링크, SNS, 뉴스 등) 경험 등 참 많은 조건이 갈수록 늘어난다. 어쩔 수 없다. 경쟁이 갈수록 심해지니까.

1일 1포스팅, 30일 연속 + 3개 이상 반응 유도할 경우 4주 후 노출 확률이 눈에 띄게 급상승할 수는 있다. 지금까지 노력한 김에 이 역시 노력하면 절대 헛수고는 아니다.

하지만, 나는 당신께 놀라운 꼼수를 알려주도록 하겠다. 이 책이 만약 너무 유명해져서 네이버가 신경을 쓰는 수준이 된다면 아마도 이 방법은 당장에 막혀버릴지도 모른다. 그러니 이 글을 보는 순간 바로 즉시 실행해 보도록.

예쁜 놈에게는 떡을 하나 더 준다. 네이버도 자신들에게 열정적이고 충성적이며 혼심을 다해 네이버의 서비스를 사용하는 열정 고객에게는 떡을 하나라도 챙겨주고 싶은 것이다. 그래서 생겨난 것이 '최적화 아이디'라는 개념이다. 공식적인 명칭은 아니다. 홍보와 광고에 미친 사람들이 만들어 낸 비공식 명칭이라 할 수 있다.

본론부터 말하자면, 최적화 아이디를 가진 고객이 그렇지 않은 사람의 콘텐츠에 반응을 해 준다면 비최적화 아이디를 가진 사람도 최적화 아이디로 전환된다는 공식이다. 한 번의 반응이 아니라 여러 번의 반응이 일어날 때 생기는 현상으로 보인다.

그럼, 어떻게 최적화 아이디를 가진 사람을 찾을 수 있을까? 찾는다 하더라도 그 사람이 내 글에 반응하게 만들 수 있을까?

일단 최적화 아이디를 가진 사람이라는 것은 네이버 측에서는 예쁜 고객이자 충성고객이다. 그 소유자가 반응을 해 준다는 것은 검증된 고객의 반응이고 어느 정도 의미 있는 반응이라 판단될 수 있다. 그래서 덩달아 '급'이 올라가는 개념이 아닐까 생각된다.

그런데 네이버가 공식적으로 인정하지 않는 최적화 아이디를 가진 사람을 어찌 찾을 수 있단 말인가? 방법이 있다. 일단 공식적으로는 인플루언서가 있겠다. 하지만 당신 주변에 당신에게 반응을 해줄 인플루언서가 있는가? 아마 대부분은 없을 것이다.

그럼. 어쩌란 말인가? 또 있다. 언제든 24시간 365일 네이버의 서비스 속에서 살고 있는 사람들이 잔뜩 모여있는 곳이 있다. 바로 팬카페다. 그러니 당신의 아이디를 최적화하기 위해서는 팬카페에 가입해서 몇 개의 글을 올려 사람들의 반응과 호응을 받을 수 있도록 노력해 보길 바란다. 몇 년 걸려도 안 될 수 있는 최적화 아이디가 순식간에 될 기회를 잡을 수 있다.

참고로 너무 유명한 팬카페의 경우는 혼란의 여지가 있는 글을 올리면 신상까지 탈탈 털릴 수 있으니 적당히 유명하고, 적당히 반응을 일으킬 수 있는 게시글을 올려볼 것을 당부한다. 분명한 것은 팬카페 속에는 최적화 아이디를 가진 사람들이 분명히 많다는 것이다. 오랫동안 팬카페 활동을 본격적으로 할 필요까지는 없지만 이왕이면 진짜로 당신의 스타를 응원하는 것도 다홍치마 아닐까? 선택과 결정을 당신에게 있다.

2. 글쓰기 전에 '엔서포터 키워드 분석'부터 해라

이건 진짜 아무도 안 알려주는 거다. 네이버 엔서포터는 내부에서 사용하는 알고리즘 기반 키워드 분석 툴인데, 우리 같은 일반인은 사용할 수 없지만, 비슷한 원리로 접근할 방법이 있다.

바로, '네이버 자동완성 + 연관검색어 + 카테고리 키워드' 3박자 분석이다.

예를 들어, 키워드가 "퇴사 후 브랜드 만들기"라면,

- 네이버에 "퇴사 후 브랜"까지 입력 → 자동완성 10개 확인
- 해당 키워드로 검색 후 맨 아래 연관검색어 확인
- 상위 블로그에서 자주 등장하는 카테고리 키워드 추출
- 최종 키워드 소합하여 글 직성 시 정체성 키워드처럼 추가

3. 내부 백링크와 외부 백링크를 설계하라

네이버는 '링크 구조'를 엄청나게 중요하게 본다. 단순히 하나의 글이 혼자 떠 있으면 약하다. 하지만 서로 연결된 글들이 묶이면 강력한 콘텐츠 덩어리가 된다.

내부 백링크는 자신이 작성한 글 본문 중간이나 끝에 자신의 다른 글 링크를 삽입하는 방법이다.

• (예) "퇴사 후 브랜드 만드는 3단계 글도 참고해 보세요 → (링크)"

또는 글 하단에 추천 글 모음 배치 "이 글이 도움이 되셨다면 이런 글도 좋아하실 거예요"라고 덧붙이고 여러 링크를, 카테고리를 구분해서 링크를 추천해 주는 친절한 전략이라고 할 수 있다.

정말로 네이버가 좋아하는 것은 경쟁사나 외부로부터 고객을 데려오는 외부 백링크다. 블로그 글의 링크를 인스타그램, 스마트플레이스, 유튜브, 커뮤니티, 카카오톡, 페이스북 등에서 공유해서 그 블로그 링크를 타고 들어오면 좋은 글이라 인지해 주는 네이버의 꼼수이기도 하다. 즉, 외부 사이트(카페, 브런치 등)에도 링크 연결해서 다양한 경로에서 유입이 발생하면 네이버는 글을 '핫하다'고 판단하는 것이다. 이렇게 백링크가 활발한 게시글은 당연히 상위 노출에 유리해 질 수 밖에 없다.

4. 글쓰기 구조는 이렇게 하라.

네이버는 '글의 퀄리티'보다 글의 구조를 평가한다. 다음은 최적화 글의 황금 구조다.

- 제목: 키워드 포함 + 구체적인 숫자 or 질문형
  (예) "퇴사 후 브랜딩 시작하는 3가지 핵심 전략", "1인 브랜드, 이렇게 하면 망합니다?"

- 첫 문단 (3~4줄): 정체성 키워드 1회+핵심 키워드 1회 삽입+독자 공감 유도 문장
  (예) "저도 처음 퇴사 후 브랜딩을 시작할 때, 뭐부터 해야 할지 몰랐어요."

- 중간 소제목 2~3개: 소제목에도 키워드 삽입
  (예) 퇴사 후 브랜드, 왜 필요한가?, 브랜드 기획, 어떻게 시작함까?

- 결론 및 요약: 다시 한번 핵심 키워드 등장
  (예) "퇴사 후 브랜드를 제대로 만들기 위해선 핵심 키워드 설정과 콘텐츠 전략이 필수입니다."

- CTA_{Call to Action}: "관련 글 보러가기"
  (예) "더 궁금하다면 인스타 DM 주세요" 등

| 네이버 블로그 최적화 체크리스트 |

☐ 블로그 글 50개 이상 / 30일 연속 활동

☐ 키워드 분석 후 제목 + 본문 + 소제목에 자연 삽입

☐ 글 안에 다른 내 글 링크 포함 (내부 백링크)

☐ 블로그 링크를 외부에 유포 (외부 백링크)

☐ 댓글·공감 유도 문장 삽입

☐ 이미지엔 alt태그에 키워드 입력 (이미지도 검색된다)

☐ 카테고리 설정도 키워드 포함 (예: '1인브랜딩팁')

☐ 글 발행 후 24시간 내 3명 이상 조회 유도

다시 한번 말하지만, 네이버는 글을 읽지 않는다. 구조를 읽는다. 사람은 감동을 읽고, 네이버는 패턴을 읽는다. 그러니 사람은 감동시키고, 네이버는 조종해야 한다. 이 둘 다 잡는 게 최

적화의 기술이다.

이제, 당신의 블로그는 일기장이 아니라, 검색 최적화된 플랫폼이다. 정체성 키워드로 도배된, 아주 '잘 짜인 콘텐츠 그물망'이 되는 것이다. 그리고 이걸 아는 사람은 많지 않다. 하지만 당신은 지금 그 비밀을 알고 있는 사람이다.

지금부터 당신의 이름을 검색하면, 1페이지에 당신이 '설계한 대로' 보이게 될 것이다.

정체 공개!
퍼스널 브랜딩 디지털 아카이브 시스템 퍼즐 맞추기

::

휴우!!

참 열심히 달려와 주었다. 잠시 쉬어가는 의미로 지금까지의 전략을 정리해 보고 가면 좋겠다. 당신은 나의 안내를 받아 네이버에 당신의 이름으로 도배하는 전략을 구사하고 있다. 혹시라도 진행을 하면서 의심이 가는 부분은 없었는가?

"내가 지금까지 한 게 대체 몇 개야? 블로그, 유튜브, 스마트플레이스, 인물정보, 지식인까지. 이거 다 관리할 수 있는 거야?"

각 장마다 모두 중요하다고 이야기하다 보니 마치 엄청난 시간과 노력이 '끝도 없이 필요하겠구나!' 하는 착각이 들었을 수도 있다.

정답은 "아니. 관리할 필요 없어."
왜냐고? 우리는 관리하는 게 아니라, 구조화했기 때문이다.

지금까지 당신이 쌓아온 모든 전략을 '딱 한눈에 정리할 수 있는 디지털 지도'로 구조화된 모습을 확인해 보자. 당신의 정체성 키워드를 중심으로 설계된 이 시스템은, 검색되기 위해 존재하고, 검색되는 순간 존재감을 증명하는 궁극의 퍼널이자 디지털 자산화 구조다.

이 모든 전략의 출발점은 'AI로 도출한 정체성 키워드'였다. 이 키워드는 검색되지 않아야 하고, 동시에 검색되게 만들어야 하는 이율배반적 열쇠였다. 그래서 우리는 선택했다. 정체성 키워드를 중심으로 모든 채널을 하나의 퍼널 구조로 묶는 전략을.
그리고 그 결과가 바로 디지털 아카이브 시스템이다.

당연히 가장 핵심은 '정체성 키워드'였다. 정체성 키워드는 네이버의 본질 검색엔진이라는 정체성을 역이용한 전략이다. 그래서 절대로 바뀌지 않는 나만의 키워드를, AI를 이용하여 도출한 후에 이 정체성 키워드를 중심으로 모든 정보와 활동이 저절로 모일 수 있도록 깔대기(퍼널) 구조를 구축한 것이다. 그래서 정체성 키워드는 다른 사람이 사용하거나 훔쳐갈 수 없게 초기 설정에서는 그 키워드로 네이버에서 검색했을 때 별다른 검색 결과가 나타나지 않아야 함을 강조했던 것이고, 정체성 키워드 선정 후에는 지금까지 해 온 과정을 느긋하게 진행하는 것이 아니라 서둘러 선점하여 다른 이가 접근하지 못하도록 아카이브 시스템을 구축해야 한다. 정체성 키워드는 남들은 절대 먼저 검색하지 않을 키워드지만 반대로 내가 적극적으로 사용할 키워드라 할 수 있기 때문이다. 그래서 우리는 그동안 쉼 없이 달려왔다.

이제! 퍼스널 브랜드의 디지털 아카이브의 정체를 공개할 때가 되었다. 모든 것은 정체성 키워드로 통한다. 그 때문에 이 견고한 시스템은 웬만해서는 변동이 없다. 나의 경우도 10년 동안

변하지 않고 그대로 유지하고 있다. 당신도 한번 구축한 이 시스템은 언제든 내 이름으로 네이버에 도배된 페이지를 확인할 수 있다.

이건 단순한 나열이 아니다. 네이버 검색 결과 1페이지를 당신 이름으로 꽉 채우기 위한 시나리오다. 각 조각은 독립적이지만, 연결될 때 비로소 '검색 신뢰도'라는 성을 쌓는다.

1. 인물정보 검색 → 본인 참여 (네이버 마이프로필)

- 검색엔진이 가장 먼저 당신을 보여주는 창구
- 꼭 본인 인증과 정체성 키워드 포함된 소개로 구성

2. 도서 (종이책 ISBN) → 출판물 등록

- 한 권이라도 좋다.
  '저자'라는 타이틀은 신뢰도를 3배 끌어올린다.
- 전자책도 OK, ISBN 발급 필수!

3. 스마트플레이스 (지도 등록) → 플레이스 등록

- 사업장 없어도 된다. '개인 브랜딩 오피스'로 등록 가능
- 정체성 키워드 포함한 상호명, 카테고리 설정

4. 키워드 검색 결과 4~5개 확보 → 검색어 선점

- 내 키워드로 검색 시, 블로그 + 카페 + 지식인 + 유튜브 최소 4개는 보여야 한다.
- 정체성 키워드 포함된 콘텐츠 필수

5. 뉴스 5~7개 확보 → 언론 홍보

- 보도자료 직접 배포 또는 인터넷 신문사와 제휴
- 정체성 키워드 중심의 인터뷰 기사, 기고문 형태 추천

6. 인기 글 (블로그+카페+포스트) 7~9개 → 활동 기록

- 블로그 글은 최소 5개, 카페/포스트도 동일 키워드 반복
- 채널별로 분산 배치하면 검색결과 영역을 넓게 차지 가능

7. 동영상 5개 → 유튜브 영상

- 최대 4개만 노출된다. 하지만 우리는 '5개'로 영역을 '장악'한다.
- 썸네일, 제목, 설명란 모두 정체성 키워드 포함

8. 이미지 10개 → 블로그+카페+포스트 이미지 활용

- 이미지 alt태그, 파일명까지 키워드로 정리
- 이미지 검색 영역도 꽤 많은 유입을 만든다.

9. 네이버도서 → 전자책 ISBN

- 종이책이 어렵다면, 스마트스토어 연계 전자책 등록도 가능
- ISBN은 '공식 등록'의 상징이자, 검색 노출 도구

위의 디지털 아카이브 시스템은 네이버에 도배를 위해 당신이 지금까지 쌓아올린 정체성, 키워드, 콘텐츠, 채널들이 네이버 생태계 안에서 확산되기 위해서 설계되었다.

나는 이것을 '네이버 생태계 콘텐츠 확산 맵'이라고 부른다.
이 맵을 머릿속에 넣고 콘텐츠를 실계하면, 단 하나의 포스트

도 허투루 쓸 수 없다. 왜냐고? 모든 콘텐츠가 서로를 밀어주고 끌어주는 구조로 짜이기 때문이다.

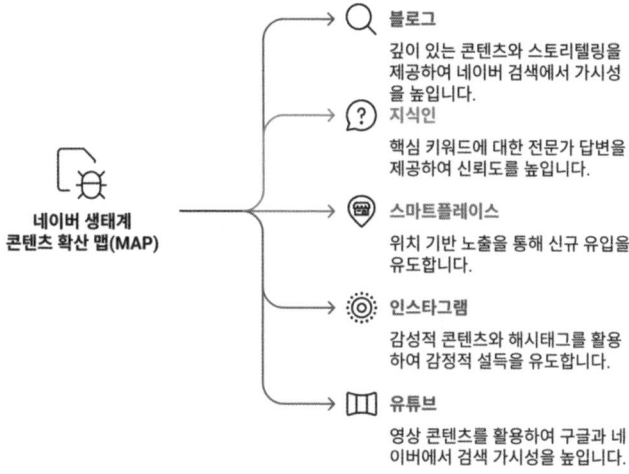

:: 네이버 콘텐츠 확산 맵 흐름

1. 블로그
   : 깊이 있는 콘텐츠, 스토리텔링
   → 네이버 검색 최상단에 노출됨
   → [연결: 스마트플레이스, 지식인, 인스타, 유튜브]

2. 지식인

: 핵심 키워드 질문에 전문가처럼 답변
　　→ 답변 말미에 블로그 링크 삽입
　　→ 검색 확산 + 신뢰도 확보

3. 스마트플레이스
　　: 나의 정체성을 공간화한 검색용 페이지
　　→ 소개문에 블로그·지식인 링크 삽입
　　→ 위치 기반 노출로 신규 유입 가능

4. 인스타그램
　　: 감성적 콘텐츠 + 키워드 해시태그
　　→ 블로그·유튜브 연결
　　→ 감정적 설득 → 검색으로 연결

5. 유튜브
　　: 영상 콘텐츠, 짧은 브랜딩 영상
　　→ 설명문, 댓글 고정에 블로그·스마트플레이스 링크 삽입
　　→ 구글·네이버 동시 검색 확산

　결과적으로, 이 다섯 채널은 단독으로 작동하는 것이 아니라 하나의 유기적 검색 회로처럼 상호 링크되며 콘텐츠를 증폭시킨다.

　당신이 하나의 콘텐츠를 올릴 때마다, 그것은 이 생태계의 모

든 방향으로 뻗어나가는 뿌리 하나를 심는 것이다. 네이버 콘텐츠 확산 맵 흐름을 알면 디지털 아카이브 시스템을 좀 더 심도 이해할 수 있을 것이다.

우리가 달려온 여정을 3단계로 정리해 보면,

:: 1단계: 키워드 중심 콘텐츠 작성
- 정체성 키워드 1~2개 선정
- 블로그, 지식인, 유튜브, 인스타그램 등 콘텐츠 20개 이상 작성
- 본문과 제목, 이미지 파일명에 키워드 삽입

:: 2단계: 공식 채널 등록
- 인물정보 등록 (네이버 마이프로필)
- 스마트플레이스 등록 (키워드 포함 주소, 전화번호 필수)
- 출판물 ISBN 발급

:: 3단계: 백링크 구조 설계
- 각 콘텐츠에 내 콘텐츠 링크 삽입 (내부 백링크)
- 인스타, 블로그, 지식인 프로필에 다른 채널 링크 연결 (외부 백링크)
- 카페/포스트/유튜브/뉴스 콘텐츠는 서로 연결

딱! 이 정도의 노력이면 우리가 원하는 결과를 내 손에 쥐게 될 수 있다. 물론 이것을 더 관리하고 꾸준히 노력을 더 한다면 그 이상의 것도 이루게 될 것이 분명하다. 시스템은 한 번 만들면 끝이다. 이 시스템은 '관리가 필요한 구조'가 아니다. 한 번 세팅하면, 당신 이름이 네이버에 도배되도록 자동으로 작동한다.

이게 바로 진짜 브랜드다. 사람들이 당신을 검색했을 때, 정체성 키워드로 짜여진 이 디지털 성벽이 당신을 대신 설명해 줄 것이다.

그리고 그 순간, 당신은 더 이상 콘텐츠 생산자가 아니다.

당신은 퍼스널 브랜딩 시스템의 설계자다.

제3부 실전전략편 체크리스트

☐ AI를 활용해 정체성 키워드를 보다 정교하게 다듬었다.

☐ 네이버 프로필, 스마트플레이스, 인스타그램 프로필을 최적화했다.

☐ 네이버 인물정보 등록을 시도해 보았다 (또는 준비 중이다).

☐ 연관검색어 노출을 위한 키워드 전략을 실험해보았다.

☐ ChatGPT 등을 이용해 콘텐츠 제작용 프롬프트를 세팅했다.

☐ 기사, 보도자료를 최소 3개 이상 실제로 작성해보았다.

☐ 유튜브 영상 5편 기획 또는 제작을 시작했다.

☐ 지식인에 5회 이상 나만의 전문 분야 답변을 올렸다.

☐ 블로그 키워드 최적화 전략을 이해하고 적용했다.

☐ 내 이름과 키워드로 검색했을 때 만족할 만한 결과가 나오기 시작했다.

내 이름 NAVER에 벅벅 도배하기

제 4 부 |시너지전략편|

::

이 정도로 만족 못 하는 완벽이들을 위한 친절한 전략

오리지널 콘텐츠 제작 방법: 표절 없이 차별화하기

::

 콘텐츠가 넘쳐나는 시대다. 수많은 글과 영상이 하루에도 수백만 개씩 생성된다. 그런데 왜 어떤 콘텐츠는 '와, 이건 저장!'이라고 감탄을 자아내고, 어떤 콘텐츠는 아무런 반응 없이 사라질까? 비밀은 하나다. 오리지널리티. 그것도 진짜 오리지널리티.

 하지만 여기서 오해가 생긴다. 많은 사람들은 '오리지널리티 = 완전 새로운 것'이라 착각한다. 아니다. 진짜 오리지널 콘텐츠는 '새로운 조합'과 '개인화된 시선'에서 나온다.

시장은 새로운 제품이 아니라, 기존 욕망에 새로운 해석을 덧입힌 것을 원한다. 콘텐츠도 마찬가지다. 핵심은 '차별화된 시선'에 있다.

진짜 오리지널 콘텐츠는 어떻게 만들어지는가?

1. 정보의 '조합'을 바꿔라

- 하나의 주제(예: 1인 브랜딩)에 트렌드(예: AI 활용)를 결합하라
- (예) ChatGPT로 브랜딩 전략 짜는 법 – 퇴사 후 3개월에 3배 성장한 사례

2. 시선의 '접근법'을 바꿔라

- 흔한 문제도 타인의 시선이 아닌, '내가 겪은 감정'으로 풀어라
- (예) 사표 던지고 3일, 공허함이 나를 삼켰다. 그래서 나는 브랜딩을 시작했다.

3. 해석의 '언어'를 바꿔라

- 정보 전달이 아닌, 해석과 의미 부여 중심으로
  (예) 브랜딩은 이력서가 아니라, 내가 살고 싶은 인생을 말하는 방식이다.

:: 오리지널 콘텐츠를 만드는 3가지 핵심 구조

1. 경험 + 통찰 + 키워드 공식

- 내가 직접 겪은 상황(=진짜)
- 그 안에서 얻은 교훈이나 깨달음(=통찰)
- 정체성 키워드를 엮어 마무리(=검색 최적화)
- (예) 퇴사 후, 딱 29일째 되던 날이었다. 아무도 내 일을 궁금해하지 않았다. 그래서 나는 매일 내 이야기를 블로그에 썼다. 그게 지금 내 '브랜드'의 시작이었다.

2. 독자의 질문에 내 방식으로 답하기

- 구글이나 지식인에서 실제 사람들이 자주 검색하는 질문을 찾는다.
- 그 질문에 내 방식, 내 관점, 내 언어로 콘텐츠를 작성한다.
- 예시 질문:
  '퇴사 후 뭐 하지?'
- 오리지널 콘텐츠 제목:
  나는 퇴사 후 100일 동안 단 3가지 일만 했다: 걷기, 기록하기, 말하기

3. 키워드 반복 + 감정 곱하기 + 시각적 증명

- 정체성 키워드 반복 노출: 블로그, 인스타, 유튜브 모두 동일 키워드로 정렬
- 감정 공유: 공감은 강력한 정체성 확장 도구
- 실제 사례 이미지/캡처 삽입: '실제'는 신뢰를 만든다.

:: 차별화된 콘텐츠 만들기 마법 툴킷

구성요소	설명	예시
제목	질문형/경험형/충격형	왜 퇴사 후가 아닌, 퇴사 전이 브랜딩 타이밍인가?
도입	후킹되는 문장	나는 퇴사 후 첫 30일, 5kg이 빠졌다. 정신적으로
본문	1경험 + 1교훈 + 1해석	사례+데이터+느낀점 구조
마무리	질문/행동 유도/요약	당신은 오늘, 어떤 이야기를 쓰고 있는가?

:: 피해야 할 표절형 콘텐츠

- '~하는 법 3가지', '성공한 사람들의 습관' 등 뻔한 리스트업
- 인기 블로그 글을 베껴 리프레이징만 한 콘텐츠
- 출처 없는 이미지/글 인용 콘텐츠

대신, '내 사례 + 내 생각 + 내 키워드'라는 삼각 구도를 갖춘 콘텐츠가 살아남는다.

:: 오리지널 콘텐츠로 성공한 사례 요약

- 전직 간호사 C씨: "퇴사 후 지친 감정을 일기로 써 내려가다 브랜딩 글이 됐고, 지금은 간호사 대상 코칭 전문가로 전환."
- 직장인 D씨: "출퇴근길 지하철에서 인스타에 매일 1줄 후기 쓰다가 3개월 만에 팔로워 2,000명 돌파. 브랜드 책 출간 준비 중."

오리지널 콘텐츠는 정보의 차별화가 아니라, '나의 해석'이 중심이 된 콘텐츠다. 누구나 브랜딩 전문가처럼 보일 수 있지만, '진짜 자기 이야기'로 검색되는 사람은 드물다.

당신의 콘텐츠는 검색되는가? 아니면 스쳐 지나가는가?
기억하라. 콘텐츠는 정보가 아니라 존재의 증명이다.
그리고 그 증명은 언제나, 당신 이야기에서 시작된다.

정리하자면, 오리지널 콘텐츠는 "내 이야기지만, 누군가의 궁금증을 대신 해결해 주는 콘텐츠"다. 당신이 겪은 실패, 성공, 감정, 고민이 곧 콘텐츠가 된다.

기억하라. 오리지널리티는 당신 안에 있다. 그걸 꺼내어 구조화하는 순간, 사람들은 당신에게 귀를 기울이기 시작한다. 다른 사람이 쓴 콘텐츠를 따라 쓰는 시대는 끝났다. 지금은 '내 이름으로 저장되는 콘텐츠'가 필요한 시대다.

그리고 그 시작은, 단 하나의 진짜 이야기에서 출발한다.

:: 주의!

"진짜 이거, 네이버한테 안 걸려요?"

내가 이 책을 쓰며 가장 많이 들었던 질문 중 하나다. 그리고 내 대답은 항상 같다.

"걸릴 수 있습니다."

네이버는 사람보다 똑똑하고, 때로는 사람보다 더 민감하게 '패턴'을 읽어낸다. 알고리즘은 우리 콘텐츠가 사람을 위한 것인지, 단지 검색을 위한 것인지를 구별하려 든다. 그러니까 무턱대고 키워드를 도배하거나, 똑같은 말만 반복하다 보면 오히려 검색 결과에서 밀릴 수도 있다. 최악의 경우에는 '저품질'로 분류되서 아무리 좋은 글도 검색되지 않을 수 있다.

그러니 기억하자. 우리는 '알고리즘을 속이려는 사람'이 아니라, '알고리즘과 협력하는 전략가'여야 한다. 당신의 정체성이 진짜이고, 콘텐츠가 유익하고, 키워드가 타인의 질문에 대한 진심 어린 답변이라면, 그건 절대 꼼수가 아니다.

그건 브랜딩이다. 하지만 반대로 '그럴싸하게만 보이려는 조작'이라면, 그건 언젠가 들킨다. 그리고 검색은, 상처보다 오래 간다.

또 한 가지 기억할 것은, 네이버의 정책은 언제든 바뀔 수 있다는 점이다. 당신이 지금은 검색 1페이지에 노출된다 해도, 내일 알고리즘이 개편되면 전혀 다른 결과가 나올 수 있다. 그러니까 이 책에서 제안하는 전략은 어디까지나 '지금 기준에서 가장 효과적인 방식'이지, '영원한 정답'은 아니다.

그래서 나는 '콘텐츠의 본질'에 투자하라고 말하는 것이다. 좋은 글, 정체성 있는 메시지, 사람에게 진심을 담은 콘텐츠는 어떤 정책 변화에도 살아남는다.

검색은 도구고, 플랫폼은 수단일 뿐이다.
결국 기억되는 사람은 '좋은 내용'으로 진심을 전한 사람이다.

네이버 검색 트렌드 분석 및 활용법

::

'검색은 예술이 아니다. 계산이다.'

진심이 통하면, 글이 퍼질 것이라고 생각한다. 하지만 현실은 그렇지 않다는 것을 조금만 블로그를 운영해 보았다면 아무도 내 글을 안 본다는 것을 금방 알 수 있다. 내가 원하는 걸 쓰는 게 아니라, 사람들이 찾는 걸 써야 한다. 그게 바로 트렌드 분석의 시작이다.

파도를 읽지 못하면, 서핑은 없다

네이버는 지금 이 순간도, 수백만 개의 검색어가 입력되고,

수천 개의 트렌드가 생성되는 거대한 흐름이다. 이 안에서 살아남으려면, 그냥 '좋은 콘텐츠'를 만드는 게 아니라, '검색될 콘텐츠'를 예측하고 설계해야 한다. 그 첫걸음이 바로 트렌드를 읽는 눈을 갖는 일이다.

:: 네이버 트렌드 분석을 위한 3가지 무기

1. 네이버 데이터랩 - 검색어 트렌드

https://datalab.naver.com/keyword/trendSearch.naver

네이버에서 제공하는 검색어 트렌드는 말 그대로 공식 데이터의 성지다. 여기서 검색어를 입력하면, 검색량 변화 그래프, 연령대/성별 분석, 디바이스별 사용량, 지역별 분포까지 한눈에 확인할 수 있다.

"퇴사 후 창업"이라는 키워드가 '20~30대 여성에서 월요일 오전 급증', '모바일 검색 비율 85%'이라는 걸 알게 되면, 같은 글이라도 콘텐츠 발행 타이밍, 문체, 포맷에 어찌 반영해야 하는지를 결정하기가 쉬워진다. 기본 중에 기본이지만 기본에 충실할 필요가 있다.

2. 네이버 연관 검색어 & 자동완성 키워드

 네이버에 키워드를 입력해 보자. 그 순간 뜨는 연관검색어와 자동완성어는 '현재 사람들이 실제로 찾는 언어'다. 우리가 쓰고 싶은 말이 아니라, 사람들이 사용하는 단어로 콘텐츠를 바꿔야 검색된다. 우리는 이미 앞에서 정체성 키워드에 연관검색어를 연결하는 비법을 알게 되었다. 그리고 그것을 어떻게 이용할지를 생각하고 실행해 보는 것이 그다음 단계에서 고려하여 할 사항이다.

 당신이 '개인 브랜딩'에 대해 쓰고 싶을 때, 검색창에 '개인 브랜딩'을 치면 '개인 브랜딩 사례', '개인 브랜딩 책', '개인 브랜딩 인스타' 등이 자동으로 뜬다. 이건 '키워드 지도'다. 이 지도 안에서만 움직여야 노출 순위를 내 마음대로 조정할 힘을 가지게 된다.

3. 블로그 상위 노출 글 분석법

 검색어를 입력하고, 1페이지 상위 블로그를 분석한다. 제목, 소제목, 본문 길이, 키워드 반복 방식, 이미지 사용 빈도 등 네이버가 어떤 구조의 글을 선호하는지 알 수 있다. 그리고 그 구조를 벗어나지 않는 범위 내에서 차별화된 콘텐츠를 만든다. 즉, 따라 하면서 비틀기. 이게 바로 실력자의 루틴이다.

:: 트렌드 분석 후 콘텐츠로 연결하는 4단계

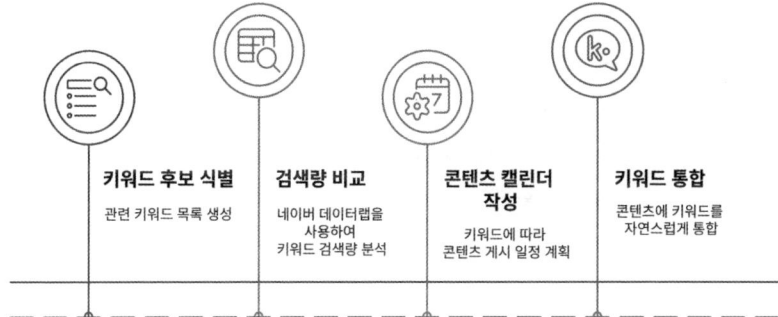

키워드 후보 식별
관련 키워드 목록 생성

검색량 비교
네이버 데이터랩을 사용하여 키워드 검색량 분석

콘텐츠 캘린더 작성
키워드에 따라 콘텐츠 게시 일정 계획

키워드 통합
콘텐츠에 키워드를 자연스럽게 통합

1단계: 키워드 후보 10개 뽑기
- 내가 다룰 수 있는 주제 + 연관 키워드 검색
- 자동완성, 연관검색어, 블로그 상위 글 참고

2단계: 네이버 데이터랩으로 검색량 비교
- 검색량 높은 순으로 5개 선별
- 연령/성별/요일/디바이스 데이터 추출

3단계: 콘텐츠 캘린더 작성
- 예: '브랜딩 키워드' → 수요일 오선 발행
- '자기 계발 키워드' → 일요일 저녁 집중 배치

4단계: 콘텐츠 제작 시 타이틀 & 소제목에 핵심 키워드 삽입

- 자연스럽지만, 반복적으로 사용
- 콘텐츠 중간에 검색 유도 문장 삽입

  ("요즘 이 키워드로 검색 많이 하시죠? 그래서 준비했어요.")

[실전 팁] 아무도 말 안 해주는 트렌드 꼼수

1. 블로그 유입경로 분석 활용

- 글 발행 후 '유입 키워드' 확인
- 사람들이 실제로 어떤 단어로 들어왔는지 분석해 → 그 키워드로 다음 글 기획

2. 지식인 인기 질문 활용

- 지식인에서 '브랜딩' 검색
- 조회수 높은 질문 = 사람들의 진짜 궁금증→ 블로그 콘텐츠로 재가공

3. 트렌드 후킹 전략

- 최근 핫한 검색어에 내 정체성 키워드 묻히기
- 예: "ChatGPT로 브랜드 만들기" → '브랜딩'과 'AI' 트렌드 동시 활용

| 트렌드 분석 체크리스트 |

☐ 데이터랩에서 5개 키워드 검색 트렌드 파악

☐ 자동완성과 연관검색어 정리

☐ 상위 노출 블로그 분석 (제목, 길이, 구조)

☐ 월간 콘텐츠 캘린더 작성

☐ 유입 키워드 기반 리마케팅 콘텐츠 생성

☐ 지식인·카페 질문으로 검색 수요 예측

☐ 현재 핫한 검색어 + 나만의 키워드 결합 콘텐츠 시도

 트렌드는 흐름이고, 당신은 그 흐름 위의 파도타기 선수다. 이제 당신은 콘텐츠를 '찍어내는 사람'이 아니라, 검색을 조율하는 프로듀서가 되어야 한다. 그 누구도 무작정 글을 쓰지 않는다. 검색의 흐름을 읽는 자만이 네이버의 상단을 지배한다.

 트렌드를 분석하는 건 어렵지 않다. 단지, 그것을 '습관'으로 만들 수 있느냐의 문제다. 그리고 당신은 이미, 그걸 '시작'한 사람이다.

검색 최적화 끝판왕: 카테고리와 태그 설정의 비밀
알고 보면 너무 쉽다

∴

이번 장은 "카테고리와 태그" 이야기다.

카테고리
콘텐츠를 정리하고
검색 엔진에 신호를 보냄

태그
키워드를 연결하고
검색 흐름 향상

지금 이 순간에도 수만 명이 블로그 글을 쓰고, 유튜브에 영상을 올리고, 인스타에 글을 던지고 있다. 그런데 이상하지 않은가? 다 똑같이 열심히 올렸는데, 어떤 사람은 검색 1페이지에

뜨고, 어떤 사람은 안드로메다에 묻힌다. 왜? 네이버는 글을 읽지 않는다. 구조를 본다. 그 구조의 핵심이 바로 카테고리와 태그다.

1. 네이버는 글보다 구조를 먼저 본다

네이버는 이제 더 이상 사람이 일일이 당신의 글을 보지 않는다. AI가 이를 대체한 지 오래되었다. AI는 감정을 모른다. 우리는 콘텐츠의 내용, 감정, 스토리라인에 집중하지만, AI는 다르다. 네이버는 '검색엔진'이다. 즉, 감정보다 데이터의 배열을 본다. 정확히 말하면, '이 글이 어디에 분류되어 있는가?', '어떤 키워드로 정리되어 있는가?'를 먼저 보고, 그 다음에야 내용에 관심을 가진다.

이 말이 왜 중요하냐면, 좋은 글을 쓰는 것도 중요하지만, 그 글이 검색되게 만드는 구조가 우선이라는 뜻이다.

"이 글이 좋네~"가 아니라, "이 글은 이런 분류에 있고, 이런 키워드가 반복되었군. 좋아, 올려주지." 이런 식이다. 감성이 아닌 알고리즘의 언어.

당신이 아무리 유용한 콘텐츠를 썼어도 카테고리가 '일상'이고, 태그가 '소확행'이라면? 그건 존재하지 않는 글이다. 왜냐고? '일상'이라는 카테고리는 너무 포괄적이어서 검색 로직이 이해할 만한 키워드 신호를 전혀 주지 못한다. '소확행' 같은 태그는 감성적일 수 있지만 검색 사용자의 구체적인 검색어와는 연결되지 않기 때문에 검색 최적화에 거의 도움이 되지 않기 때문이다.

2. 카테고리는 당신의 콘텐츠를 정리하는 시스템이다

블로그를 처음 만들면 대부분 '일상', '기록', '생각' 같은 막연한 카테고리를 만든다. 하지만 검색엔진 입장에서는 그것들이 전혀 의미가 없다.

예를 들어, 당신이 '퇴사 후 브랜딩 전문가'로 퍼스널 브랜딩을 한다면 '일상'이라는 카테고리보다 '퇴사 브랜딩 노하우', '1인 창업 준비', '퍼스널 브랜드 사례'처럼 정체성 중심의 카테고리 명칭이 훨씬 검색 최적화에 효과적이다.

왜냐하면 검색엔진은 카테고리명 자체도 하나의 키워드로 인식하기 때문이다. 즉, 카테고리는 검색 로봇에게 신호를 주는 구조적인 장치다.

여기서 기억해야 할 포인트가 있다. 카테고리는 무조건 정체성 키워드 중심으로 만들어야 한다. 그리고 각 카테고리에는 최소 5~10개 이상의 콘텐츠가 쌓여야 한다. 그래야 네이버는 "아, 이 블로그는 브랜딩 관련 자료가 계속해서 나오고 있군."이라는 판단을 하게 된다. 즉, 검색 가중치가 붙는다.

3. 태그는 키워드를 자연스럽게 연결해 주는 접착제다.

많은 초보자들이 태그를 그저 장식이라고 생각한다. 일상 감성 오늘의 기록 같은 걸 아무 생각 없이 달곤 한다. 하지만 이건 검색엔진 입장에서 보면 "이 사람은 아무 방향성도 없구나"라는 시그널이다.

태그는 단순한 보조수단이 아니다. 태그는 글의 핵심 키워드와 검색 흐름을 연결하는 연결선이다. 그래서 태그를 달 때도 전략이 필요하다.

• 무조건 정체성 키워드 중심으로

예를 들어, 당신이 '퇴사 후 브랜딩'을 주제로 한다면, 퇴사브랜딩, 1인브랜드, 개인브랜드전략 같은 키워드를 반복해서 태그에 포함시켜야 한다.

- 태그의 개수는 5개에서 7개 사이가 이상적이다.

너무 많이 달면 오히려 스팸처럼 인식돼서 검색 누락의 원인이 되기도 한다.

- 모든 콘텐츠에 반복해서 사용하는 대표 태그를 정해라.

이건 일종의 고유 태그 같은 것이다. 예를 들어, '퇴사브랜딩'이라는 태그를 50개 글에 반복적으로 넣는다면 그 키워드는 곧 당신의 대표 정체성이 된다. 검색엔진은 반복된 태그를 '이 사람의 전문성'으로 간주하기 시작한다.

4. 실전에서 바로 써먹을 수 있는 꼼수 노하우

이제부터는 잘 알려지지 않은 고급 꼼수를 몇 가지 알려주겠다. 이건 현업 마케터나 상위 노출 블로거들이 쓰는 비밀이다.

- 카테고리명 자체를 키워드로 만든다.

예를 들어, 그냥 '브랜딩'이 아니라 '1인 브랜드 성공 전략'처럼 검색어 형태로 만든다. 이렇게 하면 카테고리명 자체가 검색에 노출되기 시작한다.

• 본문 중간에 이전 글 링크를 삽입한다.

이건 '내부 백링크'라고 하는데, 앞에서 이미 설명한 바 있다. 검색엔진은 동일 블로그 내에서 서로 글이 연결된 구조를 '정보 체계가 잘 갖춰진 블로그'로 인식하고 검색 가중치를 높인다.

• 태그는 콘텐츠 유형별로 세트화해 둔다.

예를 들어, 브랜딩 글에는 브랜딩-1인브랜드-퍼스널브랜딩으로, 콘텐츠 전략 글에는 콘텐츠기획-키워드전략-네이버노출 등 이런 식으로 사전에 태그 세트를 정리해 두면 작성 시마다 일관된 키워드를 유지할 수 있다.

| 검색 최적화 체크리스트: 카테고리 & 태그 편 |

☐ 블로그 카테고리명을 정체성 키워드 중심으로 구성했는가?
☐ 각 카테고리에 최소 5-10개 이상 콘텐츠가 있는가?
☐ 태그는 5~7개 범위 안에서 핵심 키워드 중심으로 설정했는가?

☐ 모든 콘텐츠에 공통으로 반복되는 2~3개의 '정체성 태그'가 존재하는가?

☐ 카테고리명도 검색 키워드를 포함하도록 설정했는가?

☐ 이전 콘텐츠와 내부 링크로 연결하고 있는가?

이제 이해가 될 것이다. 콘텐츠가 아무리 좋아도, 그걸 검색엔진이 찾지 못하면 세상에 없는 글과 같다. 카테고리와 태그는 당신 콘텐츠의 좌표다. 좌표가 있어야 검색엔진이라는 내비게이션이 당신을 찾을 수 있다.

자, 이제부터 블로그 글을 쓸 때는 내용만 쓰지 말고, 구조도 함께 설계하라. 그러면 네이버는 당신을 '그냥 블로거'가 아니라 '시스템을 이해한 전략가'로 인식하게 될 것이다.

SEO까지 잡아야 게임 끝! 이미지·동영상 최적화 전략

::

이제는 진짜 끝판왕의 문을 두드릴 차례다. SEO. 검색엔진 최적화Search Engine Optimization. 이 말을 듣는 순간 어떤 사람은 머릿속이 하얘지고, 어떤 사람은 "그거 전문가들만 하는 거 아니야?"라며 도망가고 싶어진다. 하지만 걱정 마라. 나는 이 장에서 마치 양념치킨에 마요네즈를 찍어 먹듯, 맛있고 쉽게, 그러나 효과는 확실하게 이미지와 동영상 SEO를 설명할 것이다.

"왜 이미지와 동영상까지 신경 써야 해요?"

단도직입적으로 말하자. 요즘 네이버는 텍스트보다 시각 콘텐츠를 더 사랑한다. 왜냐고? 사람들이 글보다 이미지와 영상을 더 오래, 더 집중해서 보기 때문이다. 네이버 입장에서는 사용자 체류시간이 중요하다. 그리고 체류시간이 길어지는 대표적 콘텐츠가 바로 이미지와 영상이다.

특히 이미지와 영상은 검색 1페이지에 먼저 노출되는 특별한 영역을 갖고 있다. 흔히 '섬네일 노출 구역'이라 불리는 이 구간은, 당신이 아무리 긴 글을 써도 저 위에 한 장의 이미지, 하나의 영상이 시선을 가로채버리는 공간이다. 그리고 여기에 노출되는 순간, 텍스트 콘텐츠보다 3배 이상 클릭률이 높아진다는 조사도 있다.

:: 이미지 SEO는 이렇게 하라: 보이는 것에 이름을 달아라

당신이 블로그에 이미지를 올릴 때, 대부분은 'IMG_12345.jpg' 같은 이름으로 올린다. 안타깝지만 이건 이미지의 사망 선고다. 네이버는 이미지의 '파일명'과 'alt 태그(대체 텍스트)'를 보고 그 이미지가 어떤 내용인지 파악한다. 네이버가 이미지 자체를 정확히 분석하는지 그렇지 못한지는 정확하게 알 수는 없지만, 그 '주변 단서들'을 수집해서 노출 여부에 영향을 주는 것은 분명하다. 그래서 이미지 SEO의 핵심은 "이미지에 설명을 달아주는 것"이다.

파일명을 키워드로 저장하고(예: '퇴사후_브랜딩_전략.jpg'), 이미지 업로드 후 '설명'란에 키워드를 포함한 문장을 작성한다(예: "이 사진은 퇴사 후 1인 브랜드를 만드는 과정 중 브랜딩 키워드를 정리한 사진입니다.").

이렇게 하면 텍스트 본문이 짧더라도, 이미지 하나로도 검색 노출이 가능해진다. 특히 블로그나 네이버 서비스 게시글에선 이미지 설명만 잘 써도 콘텐츠 노출 확률이 최대 68%까지 증가한다는 실험도 있다(출처: Moz SEO 실험실 2022).

:: 동영상 SEO는 이렇게 하라: 유튜브를 네이버에 이식하라

이제 영상이다. 핵심은 단 하나. 유튜브 영상이라도 제목, 설명, 태그가 '네이버 기준'에 맞아야 네이버에 노출된다는 것이다. 유튜브가 네이버에 뜬다고 다 같은 유튜브가 아니다.

유튜브 영상을 네이버에 노출하기 위해서는 영상 제목에 키워드를 넣어야 한다. 예를 들어, "1인 기업 브랜딩 전략 3단계" → '1인 기업', '브랜딩 전략'은 네이버에서도 검색되는 키워드다.

그리고, 영상 설명란에도 동일한 키워드 포함 문장을 삽입해야 한다. 예를 들어, "이 영상은 퇴사 후 1인 기업을 준비하는 분들을 위한 퍼스널 브랜딩 전략을 소개합니다."라는 식의 설명 글이다.

마지막으로 태그 설정은 중복 없이, 다양하게 설정한다. 유튜브 태그에도 '정체성 키워드'를 중심으로 연관어를 5~7개 설정하는 것이 좋다.

이렇게만 설정해도, 네이버에 당신의 유튜브 영상이 검색 결과 최상단에 노출된다. 그리고 놀랍게도, 동영상 탭엔 텍스트보다 경쟁자가 적다. 아직도 많은 이들이 동영상 SEO를 포기했기 때문이다. 그러면 당신에게는 지금이 기회다.

:: 이미지 + 영상 SEO를 결합하는 실전 시나리오

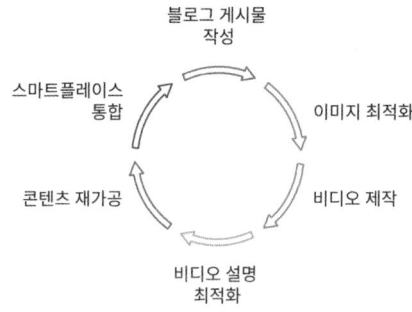

당신이 '퇴사 후 브랜딩'이라는 키워드로 브랜딩 전략을 콘텐츠화 한다고 가정하자.

1. 블로그 본문: 퇴사 후 브랜딩 전략 글
2. 이미지: '퇴사_브랜딩_키워드설계.jpg'라는 파일명 + 설명에 키워드 포함
3. 영상: '퇴사 후 1인 브랜드 만드는 법' 유튜브 영상 삽입
4. 영상 설명에도 동일 키워드 반복
5. 포스트로 재가공 → 같은 이미지, 같은 영상 활용
6. 스마트플레이스에는 썸네일로 영상 대표 이미지 삽입

이 전략은 하나의 콘텐츠를 3개 이상 플랫폼에 최적화된 형태로 배포하게 만든다. 이렇게 되면 콘텐츠는 1개인데, 검색 결과엔 3~4개 노출된다. 이게 바로 이미지·동영상 SEO의 무서운 힘이다.

"보이는 것이 이기는 것이다."

우리는 텍스트로 설명하고, 이미지로 각인시키며, 영상으로 설득한다. 이제는 콘텐츠를 '글'로만 쓰는 시대가 아니다. 검색은 더 똑똑해졌고, 사용자는 더 게을러졌다. 그래서 시각 콘텐츠가 모든 걸 결정한다. 마지막으로 다시 말하지만, 이미지와 동영상은 '옵션'이 아니다. 당신이 정체성 키워드를 제대로 잡고, 그 키워드를 이미지와 영상에 의도적으로 심는다면? 네이버는 당신을 텍스트 속의 이름이 아닌, 눈에 보이는 영향력 있는 인물로 기억하게 될 것이다.

지금 바로, 카메라를 켜라. 파일명을 바꿔라.
그리고 당신의 이름을 이미지와 영상 속에 도배하라.
그게 바로, SEO로 검색판을 뒤집는 첫걸음이다.

구글 애널리틱스 & 네이버 애널리틱스로
브랜딩 성과 추적하기

::

당신은 마침내 '측정의 세계'에 도달했다.

지금까지는 '어떻게 도배하느냐'가 중요했다면, 이제는 '도배의 결과가 무엇을 바꿨는가?'를 측정할 시간이다.

들어가기 전에 한 가지 경고부터 하자. 이 장은 지루할 수 있다. 숫자와 그래프, 대시보드, 클릭률, 유입 경로, 이탈률…. 하지만, 이 지루함을 견디는 자가 진짜 브랜딩의 힘을 얻는다.

왜냐고?

"측정되지 않는 것은, 개선되지 않는다."

그리고 개선되지 않는 브랜딩은 곧 망하는 브랜드다.

네이버와 구글은 어떻게 내 콘텐츠를 추적할까? 먼저, 기본 개념부터 잡고 가자. 우리가 말하는 '분석'은 단순히 방문자 수를 보는 게 아니다. 누가, 언제, 어디서, 어떤 콘텐츠를, 왜 봤는가? 그리고 그 결과로 무엇을 했는가? 이 모든 걸 분석해서, 다음 콘텐츠를 더 강력하게 만드는 무기로 쓰는 것이다.

그리고 이런 무기를 제공해 주는 두 가지 도구가 바로 구글 애널리틱스(GA)와 네이버 애널리틱스(NA)다. 둘은 역할이 좀 다르다 구글 애널리틱스는 전 세계 트래픽을 잡는다. 주로 유튜브, 워드프레스, 카페24, 인스타그램 외부 링크까지 측정 가능하다.

네이버 애널리틱스는 네이버 블로그, 스마트스토어, 포스트, 지식인 등을 정확히 분석한다. 단, 네이버 안에서 활동하는 것에 한정된다. 두 개를 병행하면, 당신의 디지털 브랜딩 전체가 손바닥 안에 들어온다.

:: 구글 애널리틱스: 초보자를 위한 설치부터 실전까지

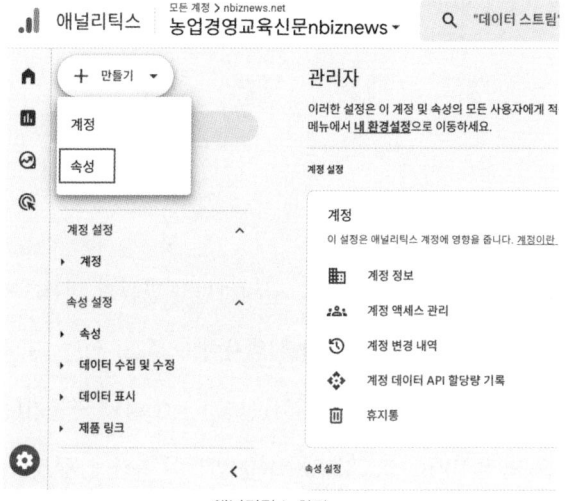

애널리틱스 화면

1. 추적기 만들기: GA4(Google Analytics 4)설정하기

2023년부터는 무조건 GA4[01]를 써야 한다. 측정하기 위해서는 측정하는 장치가 있어야 한다. 내 사이트나 내 콘텐츠에 측정을 위한 추적기를 만들어야 한다. GA4는 쉽게 말해 추적기를 만드는 곳이자 그 측청 결과를 확인할 수 있는 곳이다.

가장 먼저 필요한 것은 구글 계성이다. 그 계정 정보로 구글

---
01 구글 애널리틱스의 최신 버전으로, 주로 사용자 중심 분석과 이벤트 기반 트래킹을 특징으로 함

크롬에 로그인을 한 상태에서 구글 애널리틱스에 접속한다. 접속 주소는 https://analytics.google.com이다.

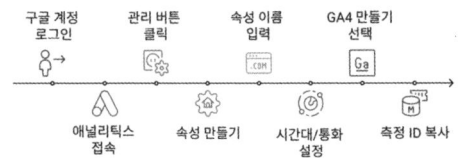

톱니바퀴모양 '관리'버튼을 클릭하면 +만들기 버튼 → 속성 → 속성만들기 → 속성이름(웹사이트 주소) 입력 → 시간대: 대한민국/통화: KRW(원화)설정 → GA4만 만들기(중요한 건 "측정 ID (G-XXXXXXX)"를 반드시 복사해 둘 것)의 순서대로 설정하면 된다. 모든 내용을 다 이해하려고 하기보다는 그냥 단순히 순서대로 설정하면 된다.

2. 추적기 달기: 웹사이트에 코드 삽입

추적기를 만들었으면 그 추적기를 달아야 한다. 만약 당신이 측정하고 싶은 대상이 워드프레스라면 'Header Footer Code' 플러그인 설치 → GA4 측정 ID 복사 → ⟨head⟩ 스크립트 입력창에 붙여넣기 → 저장하면 끝이다.

만약 당신이 측정하고 싶은 대상이 카페24, 아임웹, 고도몰에 만들었다면, 관리자 페이지 → '기본 설정' → '외부 스크립트 관리' 또는 '구글 애널리틱스 설정' → 측정 ID(G-XXXXXX) 붙여넣기 → 저장하면 끝이다.

마지막으로 티스토리, 브런치 등은 직접 HTML에 '⟨head⟩' 안에 코드 삽입. 관리자 → 꾸미기 → HTML 편집 → ⟨head⟩ 태그 안에 GA4 추적 코드 붙여넣기 → 저장 후 블로그 방문하

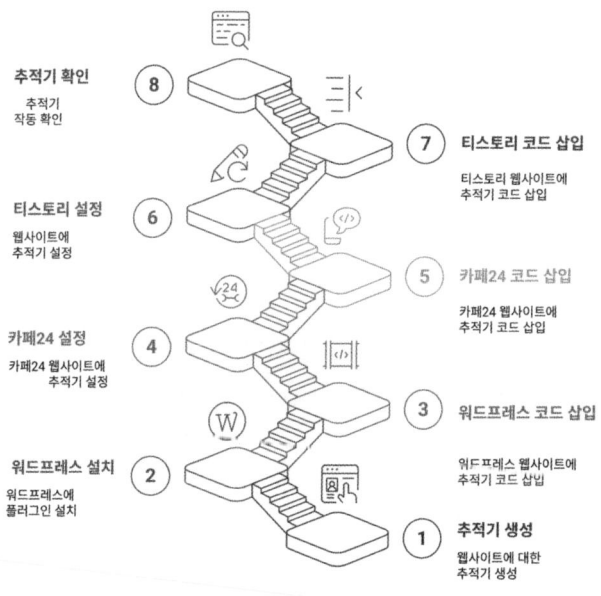

3. 유입 경로 분석하기 및 체크포인트

구글 애널리틱스 https://analytics.google.com 접속 → 왼쪽 메뉴 '실시간' 클릭 내 웹사이트를 열어놓고, 나 스스로 방문해 보기 → 실시간 사용자 1명 확인되면 설치가 성공적으로 이루어진 것이다.

그리고 당신은 구글 애널리틱스에서 나온 각 측정 결과를 다음과 같은 관점에서 확인해 보길 바란다.

- 사용자 수(Users): 얼마나 많은 사람들이 들어왔는가?
- 세션(Visits): 한 사람이 여러 번 방문했는가?
- 이탈률(Bounce Rate): 글 보고 바로 나갔는가?
- 유입 경로(Traffic Source): 네이버에서 들어왔는가, 인스타에서 클릭했는가?
- 페이지별 체류시간: 어떤 콘텐츠가 가장 오래 읽혔는가?

[꼼수팁] GA는 유튜브 영상에도 연결할 수 있다. 영상 하단 설명에 추적링크(UTM코드)를 달면, "이 영상이 몇 명을 사이트로 보냈는지"까지 추적 가능하다.

:: 네이버 애널리틱스: 네이버 안에서는 이게 끝판왕

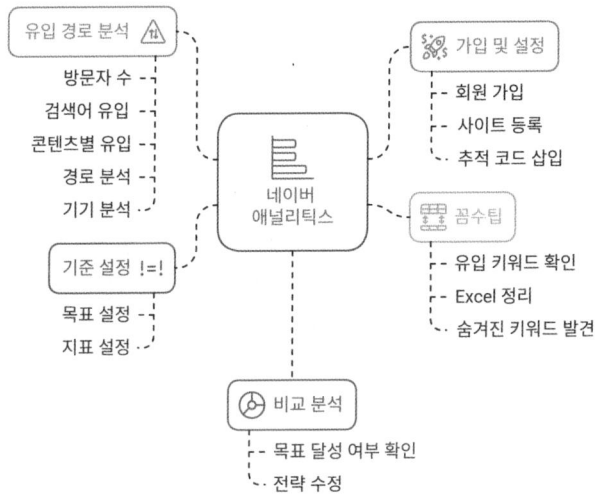

1. 네이버 애널리틱스(https://analytics.naver.com) 가입

회원 가입 후에 사이트현황 → 톱니바퀴 모양 설정 → 사이트를 등록한 후에 사이트 발급ID를 부여받고, 블로그나 스마트스토어에 추적 코드 삽입을 삽입하면 된다. 블로그는 'HTML 편집 →〈head〉〈/head〉' 안에 삽입해야 정확히 측정된다.

2. 유입 경로 분석하기 및 체크포인트

- 방문자 수(일간/주간/월간)
- 검색어 유입 분석: 어떤 검색어로 내 글에 들어왔는가
- 콘텐츠별 유입량: 어떤 글이 제일 인기였는가
- 경로 분석: 지식인? 카페? 검색? 어디서 들어왔나
- 기기 분석: PC vs 모바일 → 콘텐츠 최적화 방향 판단

[꼼수팁] 네이버 애널리틱스를 보면 '유입 키워드'를 확인할 수 있다. 이걸 Excel로 정리해 보자. 그러면 내가 모르는 '숨겨진 키워드'가 한 눈에 보인다. 예를 들어, 나는 '1인 브랜딩'으로 글을 썼는데, 실제 유입은 '퇴사 후 브랜드'가 많았다면? 이제부터는 그 키워드를 메인으로 다시 콘텐츠를 뽑아야 한다.

내 기준이 되는 설정 없이 분석은 의미 없다.

여기서 한 가지 반드시 기억하라. 애널리틱스는 '기록'이 아니라 '비교'다. 무엇과 비교하느냐? 바로 내가 세운 기준과 비교하는 것이다.

예를 들어:

- 목표: 한 달에 블로그 방문자 1,000명
- 지표: 1주차 250명 → 2주차 180명 → 3주차 320명 → 4주

차 500명
- 결과: 점점 올라가고 있다. 그럼, 지금 콘텐츠 전략은 성공

또는,
- 목표: '퇴사 후 창업' 키워드 유입을 30% 늘리는 것
- 지표: 키워드 검색 유입 증가 → 지식인, 포스트 키워드 변경 → 효과 체크

이처럼 '가설-실행-측정-보완'이라는 사이클을 만드는 게 애널리틱스의 본질이다.

유튜브+GA4 연동 꿀팁: 클릭수보다 '전환율'을 봐라.

당신이 유튜브에서 "네이버 도배 전략!" 영상을 올렸다. GA4에서 확인해 보니 이 영상에서 1,000명이 들어왔고, 그중 300명이 블로그를 방문했다. 그럼 우리는 영상 클릭수가 아니라 블로그 방문 전환율(30%)을 기준으로 "어떤 영상이 사람을 움직이게 했는가?"를 판단해야 한다. 이게 바로 진짜 콘텐츠 성과 측정의 핵심이다. 보이는 수치 말고, 결과로 연결되는 수치에 집중하라.

데이터는 감정이 없다. 판단은 당신 몫이다.

당신은 이제 단순한 '글쟁이'가 아니다. 당신은 '데이터로 브랜드를 설계하는 전략가'다. 그리고 전략가는 결과를 숫자로 말하는 사람이다.

브랜딩의 성패는, 무의미한 추측이 아니라 의미 있는 분석에서 갈린다. 지금 이 순간부터, 당신이 어떤 콘텐츠를 만들고 배포할지에 대한 모든 결정의 근거는 애널리틱스가 제공해 줄 것이다.

당신 이름이 검색되는 순간, 누군가는 당신의 블로그에 들어온다. 그 사람이 어디서 왔고, 무엇을 클릭했고, 언제 나갔는지를 당신은 알 수 있다. 애널리틱스는, 당신의 브랜드가 진짜 브랜드가 되는 증거이자 설계도다. 그리고 그 증거를 만드는 첫 클릭, 지금 당신 손끝에서 시작된다.

시너지를 만드는 채널 활성화 & 광고 전략 3단계

∴

　당신은 이미 네이버의 한 페이지를 채우고도 남을 만큼의 전략적 실천을 해내었을 것이다. 그럼에도 불구하고 지금 그보다 더 나은 성과와 결과를 위해 노력하고 있음에 틀림없다. 당신은 나의 조언에 따라 몇 개의 채널에 정체성 키워드를 중심으로 콘텐츠가 올라가 있다. 그 채널 중에 활성화시키고 싶은 채널이 있다면 이 역시 서로가 시너지를 낼 수 있도록 전략적인 접근을 할 것을 추천한다.

　지금부터 공개하는 이 내용은, 단순히 채널을 "운영"하는 것이 아니라 채널 간의 '시너지'를 유도하여 브랜드를 증폭시키는 설계 방식이다. 이른바 4부의 마지막 퍼즐, '시너지를 만드는 채널 활성화 & 광고 전략 3단계'다.

그리고 이 전략은 수십 번의 실패와 삽질, 그리고 반짝 성공의 반복 끝에 정리된 전략이다. 그러니 복잡한 이론은 없다. 핵심은 단순하면서도 강력하다. '입소문 → 입증 노출 → 리타겟팅'의 3단계 구조로, 각 단계를 충실히 밟기만 해도 사람들은 어느새 당신을 '어디선가 본 사람'이라 인식하게 될 것이다.

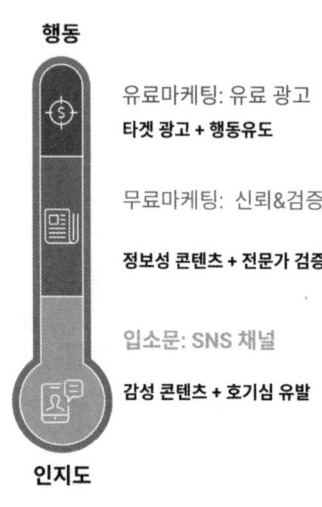

광고 전략 3단계

1. 입소문 채널 "SNS가 뿌리고, 말이 돌게 한다."

우리는 이 단계를 '입소문 인큐베이팅'이라고 부른다. 핵심은 SNS를 통해 가볍고 반복적으로 노출되는 것이다. 만약에 당신이 광고를 하더라도 본인의 광고를 실어 사람들에게 날라다 줄 제비가 필요하다. 즉, 시너지 효과를 내기 위해서는 SNS 채널은 필수다.

인스타그램, 페이스북, 유튜브 쇼츠, 틱톡 같은 채널은 검색보다는 노출에 강하다. 그래서 이곳은 정제된 정보보다, 빠르고 가볍고, 감성적인 콘텐츠가 먹힌다.

예를 들어, 당신이 '1인 브랜드 전문가'라면 딱딱한 인사이트 대신, "퇴사하고 1년, 수입은 줄었지만, 자유는 늘었다" 같은 감성 스토리를 인스타 릴스에 올려보자. 짧은 영상이든 이미지든, 포인트는 "아, 이 사람 뭐 하는 사람이지?"란 궁금증을 유도하는 것이다.

왜 이게 중요하냐고? 사람들이 검색히게 만들어야 하기 때문이다. SNS는 '검색으로 유도하는 미끼'여야 한다.

여기서 핵심은 '프로필 세팅'이다.

모든 SNS 채널의 소개 글에는 정체성 키워드가 들어가야 한다. "브랜드 컨설턴트, 디지털 퍼스널 브랜딩 전략가"처럼 명확하게.

그리고 모든 SNS 프로필에는 스마트플레이스나 블로그, 신문 기사 링크가 연결되어 있어야 한다. 이게 2단계 채널로 넘어가는 입구다.

2. 무료 광고 채널 "블로그와 뉴스가 당신을 증명한다."

SNS에서 입소문이 일어났다면, 이제 사용자는 검색을 하기 시작한다. 여기서 블로그와 신문 기사는 브랜드 신뢰도를 '폭발적으로' 끌어올리는 도구가 된다. SNS 채널을 통해 관심과 흥미를 불러일으켰다면 아마 바로 검색에 작업에 들어간다. 그런데 검색에 아무것도 나타나지 않는다면? 아마 실망하게 될 거다. 그래서 항상 검색되면 나타나는 것이 존재해야 한다. 이미 우리는 네이버의 한 페이지를 도배했을 테니 검색자의 이성과 감성은 신뢰로 물들어 있을 것이다.

블로그는 '경험자' 포지셔닝의 최적 도구다. 예를 들어 "퇴사 후 6개월, 브랜드 컨설턴트로 먹고살기" 같은 제목은 검색도 잘 되고, 스토리텔링으로 설득력도 높다. 여기에 '브랜딩', '1인 창업', '퍼스널 브랜드' 같은 정체성 키워드를 3~5회 자연스럽게 녹여 넣으면 된다.

그리고 신문 기사는 전문가 인증의 마지막 조각이다. 신문 기사 제목이 '브랜드 마케팅 전문가, "중소기업도 개인 브랜드 필요하다"'라면? 그건 당신이 '자칭 전문가'가 아닌 '공인된 전문가'로 보이게 만든다. 그리고 이 기사 링크를 다시 블로그, SNS, 네이버 프로필에 연결해 두면 검색은 끝난다.

하지만 아직 끝이 아니다. '관심'은 가질 수 있어도 '행동'까지 이어지지 않았기 때문이다. 그래서 마지막 카드가 필요하다.

3. 유료 광고 채널 "관심 있는 사람에게, 다시, 정확하게"

광고는 돈을 쓰는 게 아니라, 검색을 확정시키는 투자다. 이미 한 번 SNS에서 봤고, 블로그에서 확인했으며, 신문 기사까지 읽은 사람에게 한 번 더 보여주는 것. 이게 리타겟팅 광고의 핵심이다.

이 단계에서는 두 가지 채널이 유효하다. 첫째는 네이버 검색광고, 둘째는 인스타그램 리마케팅 광고다.

네이버 검색광고는 정체성 키워드를 중심으로 광고 세팅 (예: "퇴사 후 브랜드 컨설팅", "1인 창업 전략") 하면 된다. 우리의 정체성 키워드 광고는 클릭당 단가가 비싸지 않을 것이다. 일찍부터 당신은 정체성 키워드를 선점했기 때문에 나 이외에는 광고 키워드 사용할 사람이 없을 것이기 때문이다.

인스타그램 광고는 SNS로 유입된 잠재 고객 중 '프로필 방문자' 대상으로 리타겟팅 광고 집행하면 된다. 짧은 영상이나 이미지 콘텐츠로, 클릭 유도보다는 '신뢰 형성'에 초점에 맞출 필요가 있다. 클릭보다는 "이 사람, 자꾸 보이네?" 효과를 노려야 하기 때문이다.

이 광고 전략이 중요한 이유는 하나다. 검색은 한 번으로 끝나지 않는다. 사람은 3~5번 노출되어야 그 사람의 이름을 기억하고, '신뢰'를 갖는다. 즉, 검색은 신뢰의 입구이고, 광고는 그 입구를 반복해서 보여주는 도구다.

정리하면 이렇다.
- SNS는 검색으로 유도하는 입소문 도구
- 블로그와 기사 콘텐츠는 검색 신뢰를 강화하는 증거 자료
- 유료 광고는 관심 있는 사람에게 다시 보여주는 리마케팅 장치

그리고 이 세 가지를 하나의 퍼널 구조로 연결하면, 당신은 더 이상 "온라인을 떠도는 이름 없는 존재"가 아니라, 검색하면 반드시 등장하는 사람, "아, 이 사람 봤어! 이거 그때 봤던 영상, 블로그, 기사잖아"란 반응을 유도하는 퍼스널 브랜딩의 연쇄 작용자가 되는 것이다.

당신의 이름이 '단지 보이는 것'에서
'기억에 남는 것'으로 바뀌는 순간, 이 전략은 완성된다.

| 제4부 시너지전략편 체크리스트 |

- ☐ 오리지널 콘텐츠를 표절 없이 나만의 스토리로 작성했다.
- ☐ 네이버 트렌드, 인사이트 도구 등을 활용해 키워드 흐름을 분석했다.
- ☐ 모든 콘텐츠에 카테고리와 태그를 검색 최적화 형태로 설정했다.
- ☐ 이미지·동영상의 SEO 최적화까지 신경 쓰기 시작했다.
- ☐ GA4와 네이버 애널리틱스를 연동하여 성과를 추적하고 있다.
- ☐ 내 콘텐츠의 노출률, 클릭률, 체류시간을 점검하고 있다.
- ☐ SNS, 블로그, 유튜브, 스마트스토어 등 채널 간 연결 구조를 완성했다.
- ☐ 무료채널·입소문채널·유료채널을 활용한 시너지 전략을 설계했다.
- ☐ 반복되는 퍼널(유입→관심→신뢰→구매)의 흐름을 구조화했다.
- ☐ '채널은 많지만 정체성은 하나'라는 기준으로 정리했다.

내 이름 NAVER에 벅벅 도배하기

제 5 부 | **수익화편** |

::

브랜드만 키우고 돈을 못 번다고? 수익으로 연결하기

브랜딩이 돈이 되는 원리: 그냥 유명하면 끝이 아니다

∶∶

세상은 말한다. "유명해지면 돈은 따라온다"라고 하지만 나는 묻고 싶다. 정말 그랬냐고?

당신도 아마 알고 있을 것이다.
인스타 팔로워 수만 많은데, 통장 잔고는 텅 빈 사람.
조회수는 수천인데, 강의나 제안은 오지 않는 사람.
브랜드는 생겼는데, 수익은 따라오지 않는 사람.

이유는 명확하다.

"검색되는 사람"이 되는 것과 "돈을 버는 사람"이 되는 것은 완전히 다르다. 우리는 지금까지 1~4부를 통해 당신의 이름을 네이버에 도배했고, 디지털 자산도 구축했으며, 신뢰를 형성하고 영향력을 만들었다. 이제는 그 모든 것을 '화폐화'$_{monetize}$하는 기술이 필요하다.

이 장은 바로 그 첫 단추다.

유명함은 브랜드의 일부일 뿐이다 '브랜딩이 돈이 되는 원리'는 유명세와는 다르다. 유명해지는 것은 "인지도"를 높이는 작업이고, 수익화는 "신뢰 기반 전환"의 작업이다.

당신이 아무리 검색이 잘 되는 사람이어도, 그 검색 결과 속에서 사람들에게 '신뢰받는 해결사'로 포지셔닝 되지 않으면 누구도 당신에게 돈을 쓰지 않는다. 사람들은 정보에는 관심을 가지지만, 솔루션에는 돈을 쓴다. 즉, 퍼스널 브랜드가 수익으로 이어지려면 반드시 다음 3단계를 거쳐야 한다.

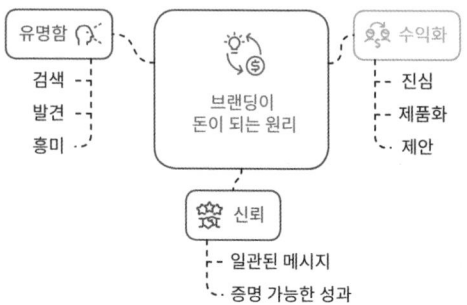

:: 1단계: 검색 → 발견 → 흥미

사람들이 당신의 이름을 처음 검색하게 되는 순간.

그건 궁금증의 결과다. SNS에서 봤거나, 블로그에서 언급됐거나, 유튜브에서 지나쳤을 수도 있다. 이때는 그저 "이 사람 뭐 하는 사람이야?"라는 정도의 관심이다.

여기서 중요한 건 첫인상이다. 검색 결과에서 당신의 정체성과 연결된 콘텐츠가 분명하게 나와야 한다. '정체성 키워드'로 연동된 프로필, 콘텐츠, 기사, 영상, 블로그 글이 차례로 등장해야 한다. 이 과정을 우리는 검색 기반 퍼널의 입구라고 부른다.

이 단계에서 놓치는 사람이 많다. 검색은 되는데, 콘텐츠가 엉망이다. 브랜드 설명도 없고, 무료 정보만 흩어져 있다. 결국 "봐도 잘 모르겠는 사람"이 되고 만다.

:: 2단계: 정보 → 신뢰 → 선택

사람은 낯선 사람에게 지갑을 열지 않는다. 그러니 신뢰가 핵심이다. 신뢰를 구축하려면, 두 가지가 필요하다.

첫째, 일관된 메시지. 콘텐츠가 어떤 플랫폼에서든 동일한 핵심 키워드와 주제를 말하고 있어야 한다. 브랜딩 전문가라면 어디서든 '브랜딩의 원칙, 사례, 전략'이 반복되어야 한다. 정보는 넓게, 메시지는 좁게. 이것이 신뢰를 만드는 공식이다.

둘째, 증명 가능한 성과. 강의를 했다면 후기를 공개하고, 컨설팅 사례가 있다면 실명 후기나 결과물을 노출해야 한다. 사람들은 "나도 저렇게 될 수 있을까?"라는 생각이 들 때 구매한다. 즉, 당신의 콘텐츠가 희망의 거울이 되어야 한다.

:: 3단계: 진심 → 제품화 → 제안

마지막 단계는 '수익 전환'이다. 아무리 멋진 브랜드라도 제품이나 서비스가 없다면 돈은 들어오지 않는다. 이때 가장 효과적인 전략은 당신의 지식, 경험, 전문성을 '상품'으로 바꾸는 것이다.

- 강의로 풀 수 있으면, 온라인 클래스
- 사례로 풀 수 있으면, 컨설팅 패키지
- 글로 풀 수 있으면, 전자책이나 출판
- 도구로 풀 수 있으면, 템플릿, 키트, 워크북

그리고 이 모든 제안을 콘텐츠 속에 '살짝' 끼워 넣는 것이 핵심이다. 예를 들어 블로그에서 퇴사 후 브랜딩에 관해 이야기한 뒤, "이런 과정을 직접 설계해 드리는 '1:1 브랜딩 코칭'이 있어요"라고 연결하면 된다. 판매가 아니라 '도움'처럼 보여야 한다.

정리해 보면, 브랜드가 돈이 되는 구조는 다음과 같다.

- 보인다 → 기억된다 → 믿을 수 있다 → 사고 싶다
- 인지도 → 신뢰도 → 제안 → 수익
- 검색 → 콘텐츠 → 증명 → 제품 → 연결

이게 바로 브랜딩이 돈이 되는 공식이다.

유명해졌다고 다 성공은 아니다. 수익화는 전략이고, 설계이며, 구조다. 당신이 원하는 인생을 만들기 위해서는 "검색으로 들어온 사람을 고객으로 바꾸는 일"을 반드시 배워야 한다.

브랜딩은 단지 시작일 뿐이다.
돈은 그 시작을 어디로 향하게 하느냐에 달려 있다.

이제 시작이다. 이제 진짜 돈 되는 이야기를 해 보자.

돈!돈!돈!
강의·컨설팅·출판으로 전문가 타이틀 거머쥐기

::

돈이란 녀석은 참 신기하다. 쫓으면 도망가고, 준비된 자 앞에선 고개를 숙인다. 그리고 더 신기한 건 이거다. 당신의 이름이 검색되기 시작하면, 이 돈이라는 녀석이 슬그머니 관심을 두기 시작한다는 것. 하지만 단순히 관심만 가지고 지나칠 수도 있다. '전문가'라는 타이틀이 없다면 말이다.

이제는 말할 수 있다. 브랜딩으로 돈 버는 첫 번째 루트는 바로 강의, 컨설팅, 출판 세 가지다. 이 셋은 단순한 수익 채널이 아니다. 당신을 "진짜 전문가처럼 보이게 만들어주는 공식 인증

장치"다.

왜 '강의·컨설팅·출판'이 수익의 첫 문인가?

그 이유는 단순하다. 사람은 '돈'을 정보에 쓰지 않는다. 사람은 '돈'을 전문가에게 쓴다.

강의는 당신이 지식이 있다는 것을 보여주는 방식이다. 컨설팅은 당신이 그 지식을 타인에게 맞춤형으로 적용할 수 있는 능력이 있다는 증거다. 출판은 당신이 정리 능력과 시장성 있는 콘텐츠를 가진 사람이라는 신뢰의 상징이다.

이 세 가지를 동시에 갖춘 순간,

당신은 단순한 '블로거'도, '유튜버'도 아닌 '지식 자산가'가 된다. 그리고 그 순간부터 당신의 말 한마디, 콘텐츠 하나가 '돈'이 된다.

1. 강의로 시작하라: "나는 이걸 말할 수 있는 사람입니다"

강의는 가장 빠르고 효과적인 전문가 포지셔닝 도구다. 먼저, 당신의 정체성 키워드로 검색되는 사람이어야 한다. 네이버에서 '퇴사 후 브랜딩'이라는 키워드로 당신이 계속 등장한다면, 그 자체로 "저 사람이 저 주제의 전문가구나"라는 인식이 생긴다. 그 다음은 아주 간단하다.

- **PPT 10장만 준비하라.**
  서론 1장, 본론 7장, 결론 2장. 주제는 하나로 좁히고, 짧고 강하게
- **온라인 클래스 플랫폼에 올려라.**
  클래스101, 탈잉, 크몽, 브런치클래스, 패스트캠퍼스 입점도 가능하다. 또는 카카오톡 단체채팅방을 활용하는 방법도 진입장벽 없이 시작할 수 있는 방법이다.
- **무료 한 번으로 테스트와 강의 영상 그리고 후기를 완비한다.**
  첫 강의는 온라인 모임 플랫폼(온오프믹스, 해피칼리지, 오픈채팅방 등)에서 무료 진행을 통해 후기 5개 이상을 확보해야 한다.
- **준비가 되었다. 이제 당신의 디지털 아카이브 시스템에 강의 홍보를 시작해라.**
  실제 강의는 온라인 클래스 플랫폼과 오픈채팅방의 모객 강의에서 이루어진다. 그리고 이 강의를 통해 유료 강의에 신청하는 사람들이 생겨나고, 성공적인 유료 강의 데뷔는 선순환 시스템으로 작동하게 된다.

- 이 과정을 마치면 "이 주제로 강의한 사람" → "말할 자격 있는 사람" → "찾아오게 만드는 사람"으로 변한다.

2. 컨설팅! 진짜 '돈'이 되는 지점!

강의는 포문일 뿐, 진짜 돈은 컨설팅에서 나온다. 이유는 단순하다. 맞춤형 솔루션은 언제나 프리미엄이기 때문이다.

1시간 10만 원, 2시간 30만 원. 처음엔 어색해도, 한 번만 해보면 안다. 당신이 가진 '지식'과 '경험'은 누군가에게는 구원이다. 컨설팅을 수익화하는 3단계 노하우를 공개하겠다. 따라 해보라!

- 강의 콘텐츠 → 워크북화
  "1:1 적용해 드릴게요"로 접근하려면 템플릿이나 체크리스트가 있어야 한다.

- 예약 시스템 세팅
  구글폼, 노션 예약 페이지, 카카오톡 채널로 간편 세팅.
  AI 캘린더 연동까지 하면 완벽.

- 수강 후기와 포트폴리오
  후기 요청은 필수. 캡처로 남기고, SNS에 슬쩍 공유하라.
  사람들이 보고 문의를 한다. "나도 받고 싶어요"라고.

3. 출판! 전문가라는 '사회적 증거'

자, 이제 마지막 단계다. 강의도 했고, 컨설팅도 했다면 출판이 당신을 '레벨업' 시켜주는 마법의 버튼이다. 대한민국이라는 사회에서 입신양명하면서 전문가로 인정받는 방법이 2가지가 있다. 하나는 박사학위를 따는 것이고, 또 다른 하나가 책을 내는 것이다. 어느 것이 더 빠르겠는가? 물어보나마나 책을 내는 것이다. 꼭 종이책일 필요는 없다. 물론 종이책이 제일 있어 보인다. 그래서 그만큼의 비용이 들어가는 것도 사실이다. 하지만 전자책, PDF북, 리포트도 모두 가능하다. 일단 처음에는 비용이 들어가지 않는 것으로 시작하면 된다.

출판의 핵심은 '정리'와 '판매'의 구조를 갖추는 것이다. 정리를 위해 콘텐츠를 묶는 기준은 다음과 같다.

- '한 가지 문제를 해결해 주는 구조'로 구성하라.
  예: "퇴사 후 브랜딩 4단계 매뉴얼"
- 실제 사례와 경험을 담고, 체크리스트와 도구를 넣어라.
  (사람들은 '읽기'보다 '써먹기'를 원한다)

- 그리고 꼭 이 한 줄을 써라.
"이 콘텐츠는 강의 및 컨설팅으로 진행되며, 00명을 통해 검증된 방법입니다."

출판은 콘텐츠가 아니라 '신뢰'를 파는 것이다. 강의, 컨설팅, 출판 위 세 가지가 만나면 폭발력이 생긴다. 강의는 당신을 보여주고, 컨설팅은 당신을 경험하게 하고, 출판은 당신을 믿게 만든다.

이 세 가지가 연결되는 순간, '검색 → 관심 → 신뢰 → 구매'의 흐름이 완성된다.

그리고, 당신은 '이름만 검색하면 바로 나타나는' 진짜 전문가로서, 하루 2시간씩 일하고도 500만 원 이상의 수익을 올리는 브랜드 자산가가 될 수 있다.

브랜딩은 결국 말할 수 있는 사람, 보여줄 수 있는 사람, 정리할 수 있는 사람만이 살아남는다. 그리고 이제, 당신은 그 세 가지를 다 할 수 있는 사람이다.

자, 이제 말해보자.

"당신은 어떤 주제로 강의하고 싶은가?"
"당신은 어떤 문제를 도와주고 싶은가?"
"당신의 이야기를 어떤 제목으로, 책으로 낼 수 있을까?"

돈이 오는 길은 이미 열렸다. 당신의 브랜드가 '현금 흐름'을 만드는 첫날이 오늘이 되기를.

협찬·광고·기업 제안받는 퍼스널 브랜딩 운영법

∵

협찬을 받는 사람과 협찬을 구걸하는 사람의 차이는 단 하나다. 브랜딩이다.

자, 이제 현실을 직시해 보자. "어떻게 하면 협찬받을 수 있나요?"라고 묻는 순간, 당신은 협찬을 받을 수 없다. 그 질문은 "내가 아직 협찬받을 만큼 매력 있지 않다는 걸 나도 안다"는 걸 고백하는 말과 같다.

진짜 중요한 건 이것이다.

"어떻게 하면 협찬 제안이 먼저 오게 만들 수 있을까?"

이 장은 바로 그 비밀을 풀어주는 열쇠다. 우리는 지금까지 당신의 이름을 네이버에 도배했다. 검색하면 당신이 나오고, 당신이 쓴 글과 영상과 기사와 프로필이 망처럼 엮여 있다. 그렇다면 이제, 브랜드로서의 가치를 수익화로 전환할 시간이다.

그리고 이 수익화의 핵심 중 하나가 바로 협찬·광고·기업 제안이다. 협찬은 '선택'받는 것이 아니라, '포지셔닝'의 결과다

기업은 '광고'를 주는 것이 아니다. 그들은 자신의 브랜드를 더 잘 보이게 만들어줄 "매개체"를 고르는 것이다. 즉, 당신이 어떤 기업의 브랜드를 보완하거나 확장해 줄 수 있는 사람처럼 보이면 그들은 먼저 다가온다. 그들은 '브랜드'를 보고 움직이지, '팔로워 수'만 보는 게 아니다.

이 포지셔닝은 어디서 시작되느냐? 검색이다.

광고주는 늘 구글과 네이버를 통해 당신을 조사한다. 그리고 확인한다. "이 사람, 진짜인가? 꾸준한가? 연결성이 있는가?" 그래서 네이버 도배 전략이 중요했던 것이다.

당신 이름을 검색했을 때, 콘텐츠가 딱! 나오고, 그 콘텐츠들

이 일관된 메시지를 말하고 있다면, 그 자체가 기업에게는 '신뢰'다.

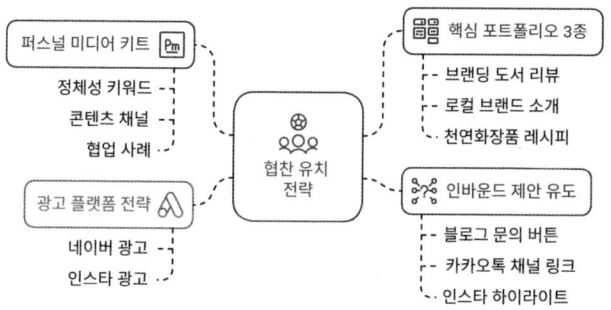

1. 협찬이 오게 만드는 '퍼스널 미디어 키트' 제작

이제부터는 당신이 광고 매체처럼 보여야 한다. 그래서 당신에게 필요한 것이 바로 퍼스널 미디어 키트(PMK)다. 이건 당신의 브랜딩을 요약한 "협찬 제안용 이력서"라고 보면 된다.

포함되어야 할 내용은 다음과 같다:

- 당신의 정체성 키워드
- 콘텐츠 발행 채널 및 구독자 수
- 월간 평균 조회수 및 활동 빈도
- 협업 가능한 콘텐츠 유형 (리뷰, 기사, 영상, 클래스 등)

- 과거 협업 사례 (없다면 가상의 샘플로 제작 가능)
- 연락처와 협업 제안 폼 링크

이 미디어 키트는 PDF 파일로 만들어서, 당신의 디지털 아카이브 시스템을 총동원하라. 블로그, 스마트스토어, 인스타그램 하이라이트에 고정해 두자. 만들어 놓았으면 야무지게 써먹어야 한다. 검색으로 당신을 찾은 광고주는 "이 사람, 제대로 준비됐네?" 하고 바로 협업 제안을 넣는다.

2. 기업이 다가오게 만드는 '핵심 포트폴리오 3종'

광고주가 제일 먼저 확인하는 건 당신의 콘텐츠가 '제품'을 어떻게 다루는지다. 그래서 지금 당장 해야 할 일이 있다. 당신의 정체성 키워드와 관련된 분야의 '샘플 콘텐츠'를 미리 만들어 두는 것이다.

예를 들어,

- '퇴사 후 1인 브랜드' 전문가라면 → 브랜딩 도서 리뷰 콘텐츠
- '지방살이 브랜딩' 전문가라면 → 로컬 브랜드 소개 인터뷰 콘텐츠
- '교육 콘텐츠 전문가'라면 → 교구·도서·온라인 강의 플랫폼 리뷰 콘텐츠

- '건강뷰티큐레이터'라면 → 천연화장품 제작 레시피 콘텐츠
- '1인가구 솔로 라이프 전문가'라면 → 솔로 라이프를 위한 특별한 아이템 추천 및 리뷰

이 샘플 콘텐츠가 당신의 포트폴리오이자 미끼다. 광고주는 이미 작성된 콘텐츠에서 '자기 제품이 들어갈 자리를 찾는다'. 그래서 자연스럽게, 이미 세팅된 게임판에 들어오게 된다.

3. 광고 플랫폼은 선택이 아니라 전략이다

많은 사람들이 인스타 광고, 네이버 검색 광고를 '비용'으로만 생각한다. 하지만 진짜 고수는 그것을 '시그널'로 사용한다.

예를 들어, 당신이 네이버 광고에 '퇴사 후 브랜딩 전문가'라는 키워드로 노출되게 세팅했다면, 그걸 본 브랜드는 "이 사람, 자기가 뭘 하는지 정확히 아네.", "광고비까지 쓰며 자신의 브랜딩을 키우고 있네."라고 해석한다.

그리고 바로 콜라보 제안이 들어온다. 네이버 시치 광고의 최소 예산은 하루 1,000원부터 시작할 수 있다. 이건 광고가 아니

라 '브랜딩 신호'다. 광고 플랫폼에 자신을 노출시키는 건 브랜드로서의 전략적 위치 선정$_{Positioning}$이다.

4. 인바운드 제안을 유도하는 구조 만들기

사람들은 다가오게 만들어야 한다. 이걸 위해 필요한 건 문의 채널의 '노출'이다.

- 블로그 상단 or 우측 사이드바에 '협업 문의' 버튼
- 스마트플레이스 프로필에 카카오톡 채널 링크
- 인스타 하이라이트에 '협업 문의', '언론보도', '강의 가능' 등 태그

광고주는 생각보다 눈치가 빠르다. "이 사람, 협업에 열려있구나"라는 시그널만 주면 알아서 다가온다. 하지만 그 시그널이 없으면? 그냥 지나친다. 기회는 만들지 않으면 오지 않는다.

협찬이 온다, 광고가 들어온다, 제안이 쏟아진다.
이 모든 구조는 결국 "검색 결과가 협업 제안서가 되도록" 만드는 전략이다. 이걸 위해 당신은 지금까지 검색 도배를 해왔고, 브랜딩 퍼널을 만들었고, 정체성 키워드를 뿌려왔던 것이다.

이제 마지막 조각만 남았다. "내가 협찬을 받아도 될 사람처럼 보이게 만들기" 그걸 위해 미디어 키트를 만들고, 콘텐츠 샘플을 쌓고, 포지셔닝 광고로 기업의 눈에 띄고, 문의 채널을 열어두면 된다.

그다음부터는…. 당신이 가만히 있어도 이메일이 온다. DM이 날아든다. "안녕하세요. 저희 브랜드와 협업해 보실래요?" 그렇게 돈이 온다. 진짜로.

이게 바로, 브랜딩을 수익으로 연결하는 두 번째 길.
협찬과 광고, 그리고 제안의 기술이다.

팬덤 만들고 충성고객 확보하는 핵심 공식
내 이름이 브랜드가 되는 순간

∴

당신은 지금껏 '검색되는 사람'이 되는 법을 배웠고, '협찬과 광고가 먼저 오는 구조'를 설계했고, '전문가로 포지셔닝'되는 브랜드 세팅도 끝냈다. 이제 수익화를 위한 마지막 퍼즐이 남았다. 그것은 바로 팬덤이다.

세상에서 가장 오래가는 수익 모델은 무엇일까?
콘텐츠도, 광고도, 출판도 아니다.
사람이다.

다시 말해, 당신이라는 사람 자체를 좋아하고, 신뢰하고, 기꺼이 기다리고, 응원하고, 지갑을 열 준비가 된 사람들.

이들이 당신의 팬이고, 이들이 바로 당신의 가장 견고한 수익의 뿌리다. 팬을 만드는 건 '운'이 아니라 '공식'이다

우리가 흔히 오해하는 게 있다. "팬덤은 운 좋은 사람들만 생기지 않아?" 아니다. 팬은 만들어지는 것이다. 그리고 더 정확히 말하면, 팬은 설계된 흐름 속에서 '자연스럽게 생성'된다.

당신이 지금 하고 있는 퍼스널 브랜딩의 모든 흐름은 결국 신뢰의 축적이고, 그 신뢰가 '관계'로 전환되면 팬이 된다.

우리가 만들어야 할 건 이런 사람들이다.

- 당신이 뭘 올릴지 기대하는 사람
- 당신의 글을 읽고 위로받거나 결심하는 사람
- 당신이 뭘 추천하면 믿고 사주는 사람
- 당신의 온라인 클래스, 출간 소식, 강의 일정을 기다리는 사람

이세 바로 충성 고객이자 진짜 팬이다.

:: 팬덤 구축의 3단계 공식: 공감(인지) → 연결(태도) → 행동

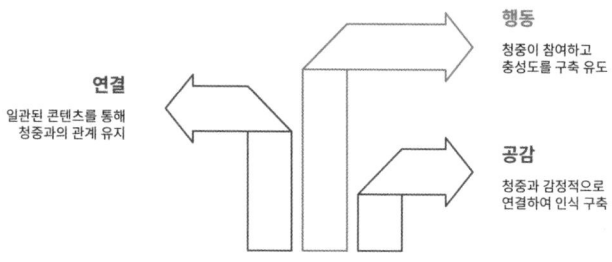

1단계. 공감(인지) "나, 이 사람 진짜 공감돼"

당신의 콘텐츠는 단순한 정보 전달이 아니라 경험 공유가 되어야 한다. 사람은 정보에는 고개를 끄덕이지만, 경험에는 마음을 연다. 예를 들어, 단순히 "퇴사 후 1인 브랜드 만드는 법"이 아니라 "퇴사 후 두 달간 멘붕을 겪은 이야기, 그리고 내가 했던 첫 번째 선택" 이런 이야기다. 인지시키되 긍정적인 이미지로 가능하다면 동일시할 수 있는 공감을 가진 인지가 핵심이다.

사람은 공감의 순간에 '연결의 씨앗'을 심는다. 그래서 당신이 콘텐츠를 올릴 때마다 '인간적인 면'을 숨기지 마라. 거기에 사람들이 반응한다.

2단계. 연결(태도): "이 사람을 계속 보고 싶어"

공감 이후 중요한 건 접점 유지다. 사람들은 당신을 한 번 보고 잊어버린다. 그전에 태도가 바뀌거나 고정되어야 한다. 그래서 주기적 노출 구조가 필요하다.

- 블로그: 매주 월요일 업데이트
- 인스타그램: 하루 한 개 감성 콘텐츠
- 유튜브: 월 2회 라이브나 브이로그
- 뉴스레터 or 문자 발송: 월 1회 큐레이션

네이버에 노출되는 것, 도배되는 것과는 별개의 문제다. 이제는 그 첫인상을 나의 팬덤으로 바꾸어야 하기 때문이다. 그래서 일관성과 꾸준함이 필요하다. 사람들의 일상 속에 반복적으로 노출되는 구조를 만들면, 당신은 어느새 그들에게 "자주 보는 사람", "익숙한 이름"이 된다. '너'에서 비로소 '우리'가 되는 것이다. 그리고 그 익숙함은 곧 신뢰의 지름길이 된다.

3단계. 행동 "이 사람한테 뭔가 사고 싶어"

팬은 그냥 생기지 않는다. 팬이 되기 위한 마지막 조건은 행동의 계기다. 그래서 당신은 팬이 '무언가를 할 수 있는 장치'를 계속 보여줘야 한다.

예를 들면 이렇다.
- "이번 주엔 제 인스타그램에서 무료 브랜딩 워크북을 나눕니다."
- "다음 주 온라인 클래스 오픈합니다. 선착순 20명만 모집해요."
- "이번에 쓴 글 모아서 전자책으로 엮어봤어요. 무료 배포합니다."

이런 식의 행동 유도형 콘텐츠를 주기적으로 던지면, 그중 10명, 100명 중 1명이라도 반응한다. 그리고 그 반응은 곧 충성도가 된다.

팬덤은 콘텐츠에서 시작되지만, 커뮤니티에서 완성된다. 진짜 팬덤은 '팔로워 수'가 아니라 커뮤니티의 결속력이다. 그래서 팬과 팬이 연결될 수 있는 공간을 만들자.
- 카카오톡 오픈채팅방 (소규모 중심)
- 네이버 카페 (정보 중심)
- 유튜브 커뮤니티 탭
- 스토리 투표, 댓글 소통

이런 곳에서 팬들이 당신의 콘텐츠에 반응하고, 서로 소통하는 구조를 만들면 팬덤은 기하급수적으로 커진다. 사람은 혼자 좋아할 땐 조용하지만, 함께 좋아할 땐 목소리를 낸다.

:: 수익화의 마지막 공식: 팬 = 반복 매출

팬이 생기면 매출이 달라진다. 한 번 팔고 끝나는 게 아니라 "또 사는 사람들"이 생긴다. 이들은 신상품이 나오면 가장 먼저 사고, 당신의 책을 사고, 강의를 듣고, 광고 콘텐츠에 반응하고, 기업 제안이 들어왔을 때 당신을 '추천'해 준다.

이게 바로 브랜드의 자산화다. 팬이 생기면 수익이 예측 가능해지고, 예측 가능한 수익은 곧 사업의 기반이 된다.

당신 이름 석 자가 브랜드가 되는 순간, 돈은 따라온다. "브랜딩은 사람을 모으는 일이고, 팬덤은 신뢰를 축적하는 과정이며, 수익은 그 신뢰의 자연스러운 결과다."

당신이 만약 지금까지 해온 퍼스널 브랜딩의 모든 과정에 이 '팬덤 구축 전략'을 얹는다면, 당신은 단순히 유명한 사람이 아니라 지속적으로 수익을 창출하는 브랜드가 될 수 있다.

당신의 이름이 누군가에겐 '힘이 되는 이름', '믿을 수 있는 사람', '구매를 결정하게 하는 이름'이 된다면?

그 순간, 당신의 이름이 곧 통장 잔고가 되는 것이다.

브랜드 관리법!
네거티브·악플·평판 공격받으면 이렇게 조져라

∵

당신의 이름이 네이버에 도배되기 시작했다면 축하한다. 이제 곧 누군가는 당신을 칭찬할 것이다. 그리고 동시에 누군가는 당신을 '까기' 시작할 것이다. 이것은 법칙이다. 노출된다는 건 주목받는다는 뜻이고, 주목받는다는 건 시기와 오해와 편견이 따라온다는 뜻이다.

이 장에서는 그 주목이 당신의 브랜드를 망치지 않고, 오히려 강화하도록 만드는 디지털 평판 관리 전략을 전수한다

1단계: 브랜드의 진짜 무기는 '선점'이다.

네거티브는 빈틈을 파고든다. 아무리 진실해도, 설명이 없으면 의심받는다. 그래서 당신은 자기 브랜드에 대한 서사를 미리 쌓아놔야 한다.

예를 들어보자. "나는 1인 창업 전문가입니다"라고 말하는데, 블로그에는 식당 후기만 있고, 유튜브는 1년 전 영상이 마지막이며, 뉴스에 한 줄도 안 나온다? 그럼, 사람들은 말할 것이다. "이 사람 뭐야?"

하지만 반대로, 퇴사 후 창업, 브랜드, 개인 비즈니스에 대한 글이 수백 개 있고, 인터뷰 기사도 있고, 인스타그램에는 관련 사례가 정리돼 있고, 지식인에 답변도 있고, 스마트플레이스에도 키워드 기반 정보가 있다면? 오해는 어렵고, 인정할 수밖에 없는 흐름이 된다.

정리하자. 당신의 이름으로 검색되는 결과를 미리 선점하라. 그래야 나중에 누가 무슨 소리를 해도, 사람들이 검색해 보면 당신 편을 들게 된다. 이것이 1단계다. 이미 앞에서 모든 채널을 모두 꾸준히 관리하기란 너무나 힘든 일이라는 것을 밝힌 바 있다. 그래서 당신이 만든 디지털 아카이브 시스템은 내가 꾸준히 관리하는 1~2개의 채널에 모두 모이도록 설계해야 한다. 물론, 요즘은 콘텐츠 자동화가 어려운 기술이 아닐 뿐만 아니라 플랫폼 자체적으로도 그러한 기능을 지원하고 있으니 조금만 관심을 가지면 어렵지 않게 해결할 수 있는 문제이다.

2단계: 네거티브는 없앨 수 없다. 다만, '반전'시킬 수 있다.

네거티브에 대한 대응 방식은 브랜드의 '격'을 결정한다. 무시한다고 끝나지 않는다. 소문은 퍼지고, 해명은 관심을 못 받는다. 그래서 우리는 반격이 아닌 리디렉션 전략을 써야 한다.

먼저, 자주 나오는 의심 키워드를 추출하라. 예를 들면 이런 것들이다.

"그 사람 진짜 전문가 맞아?"
"기사 돈 주고 낸 거 아님?"
"브랜드 다 AI로 만든 거 아냐?"

이런 의심 키워드는 콘텐츠 주제로 만들 수 있다. 블로그 포스트를 써라.

예를 들면:

- 제목: "내가 AI를 쓰는 법, 그리고 그걸 숨기지 않는 이유"
- 내용: AI를 도구로 쓰지만, 방향성과 콘텐츠 기획은 내가 직접 한다는 점을 설명

이 과정을 정리해 두면, 네거티브는 곧 '신뢰 강화 콘텐츠'로 재활용된다.

지식인에서 질문을 만들고 스스로 답하라.

예를 들면:

- Q: "○○님 블로그는 AI가 쓴 글 같던데 진짜예요?"
- A: "좋은 질문입니다. 저는 ChatGPT를 자료 정리에 참고하지만, 최종 콘텐츠의 구조와 메시지는 제가 기획합니다. 제 포스트 중 '기획 노트' 카테고리를 보시면 확인할 수 있어요."

이런 대응이 쌓이면, 당신의 브랜드는 방어가 아니라 지휘를 시작하게 된다.

꿀팁을 하나 공개하겠다.

위의 예시 2개와 함께 ChatGPT와 같은 생성형 AI에 대응법을 다음과 같이 물어보라.

"이런 악플과 악의적인 질문이 달렸어. 제공하는 예시와 같이 이런 네거티브를 반전시킬 수 있는 대답을 생성해 줘!"

이와 같이 AI를 활용하면 어떻게 대응해야 할지와 반전 시킬 수 있는 전략과 콘텐츠를 쉽게 얻을 수 있다. 반드시 위의 예시를 함께 제공해야 한다는 것을 잊지 말도록.

3단계: 악플은 '삭제'가 아니라 '전환'하라!

악플에 논리로 싸우면, 감정싸움이 되고 브랜드는 피곤해진다. 댓글 창에서 전쟁하지 마라. 대신, 그 악플을 콘텐츠 주제로 전환하라. 예를 들면 이런 식이다.

- 악플: "이런 거 다 사기야."
- 대응: 콘텐츠 글 작성 - "[기획자의 일기] 사기라고 불린 순간, 내가 배운 세 가지"

이런 글은 두 가지 효과를 준다. 하나는 악플을 무력화시키고, 오히려 '인간적 면모'와 '스토리'를 강화한다. 둘, 사람들의 검색 키워드와 연결되어, 당신 브랜드 검색 시 계속 노출을 유지해 주는 힘으로써 작동한다.

이 전략은 무기력한 대응이 아니다. 정보 통제권을 되찾는 행위다. 당신의 브랜드 서사는 당신이 쓰는 것이다.

4단계: 위기를 기회로 바꾸는 콘텐츠 시나리오 3가지

- 비판을 수용하는 척하면서 강화하기
스스로 허점 인정 → 신뢰도 UP → 진짜 노하우 전달 시 더 설득력 있음.
(예) "퇴사 1년 차, 무식하게 시작했던 나의 브랜딩 실패기"

- 악플을 고객 참여 콘텐츠로 활용하기
댓글/DM 참여 유도 → 신뢰도 강화 + 충성도 높은 독자 생김.
(예) "여러분이 제 콘텐츠에서 이상하다고 느낀 부분을 제보

해 주세요. 정리해서 피드백 콘텐츠로 만듭니다!"

• 오해를 해소하며 인지도 확장하기
유튜브 영상, 블로그, 뉴스 기획 등 다채널 동시 진행
→ 브랜드 메시지의 일관성과 넓은 도달 확보
(예) "○○는 거짓이다? 그 오해에 대해 직접 말씀드립니다."

5단계: 브랜드 방어 시스템을 미리 구축하라.

• 상단 검색 결과를 채우는 콘텐츠 세트 구축:
블로그 5개, 뉴스 기사 3개, 유튜브 3개, 지식인 10개, 스마트플레이스 리뷰 10개. 이걸 세팅해 두면, '의심' 검색어로 검색해도 온통 당신의 해명과 정체성 콘텐츠만 나온다. 디지털 아카이브 시스템이다.

• 상시 대응 템플릿 만들어두기:
의심 키워드마다 설명 콘텐츠 or 요약 코멘트를 준비해 놓고 재활용하라. 반응이 빠르고 일관된 사람은 신뢰를 얻는다.

- **감성 콘텐츠 병행하기:**

'전문성 콘텐츠'와 '감성 콘텐츠'를 교차로 운영하여 진정성을 보완한다. '실수담', '인생 곡선', '고민과 선택' 콘텐츠는 당신을 사람으로 만든다. 사람은 사람에게 끌린다.

브랜드는 공격당하는 게 아니라, 설계가 미흡한 것이다. 평판은 브랜딩의 최종 관문이다. 당신이 통제하지 않으면, 누군가가 당신 대신 서사를 만든다. 그 서사가 왜곡되기 전에, 당신의 언어로, 당신의 방식으로, 당신의 진심으로 앞서 나가야 한다.

브랜딩은 결국 정보 전쟁이다. 그리고 당신은 지금 그 전쟁에서 이기기 위한 '정보 설계자'가 되고 있다. 당신의 브랜드가 '검색되는 이름'에서 '지켜야 할 이름'으로 진화할 시간이다.

'반짝스타'가 아니라 '영원한 브랜드'가 되는 법
이 공식 따라가면 된다

∴

한 번 튀는 건 쉽다. 소위 말해 '한 방' 먹이는 건 요즘 같은 시대에 얼마든지 가능하다. 강렬한 썸네일, 감성 자극 한 줄, 혹은 논란 한 스푼. 그렇게 갑자기 튀어나온 이름은 급속도로 퍼지고, 수많은 클릭을 먹고 자란다. 그러나 그건 오래가지 않는다.

당신은 '반짝 스타'가 되려고 이 책을 펼친 게 아니다. 당신은 '검색되면 나오는 사람'이 아니라 '검색하게 만드는 사람'이 되려고 이 책을 읽고 있다. 그러니 지금부터는 유명한 사람이 아니라 오래가는 브랜드가 되는 방법을 말해야 한다.

1. "기억되는 이름"은 결국 '반복'에서 나온다

'인지도'는 운이 결정할 수 있지만, '브랜드'는 반복이 만든다. 네이버에 당신의 이름이 도배되었다고 해서, 당장 팬이 생기고 돈이 굴러들어 오는 건 아니다. 사람들은 최소 7번 이상 당신의 이름을 접해야 기억하고, 3번 이상의 접촉을 통해 신뢰한다는 마케팅 공식이 있다. 이것이 바로 '7-3 법칙'이다.

그러니 기억되는 이름은 한 번의 히트가 아니라 꾸준히 반복되는 메시지 위에 서야 한다. 블로그, 지식인, 유튜브, 기사, 인스타그램, 책, 인터뷰 등 모든 채널에서 똑같은 이름, 똑같은 메시지를 보게 하라. "또 이 사람이야?" 그 말이 나올 때까지.

2. '이름-키워드-가치'의 3박자를 끝없이 고정하라

브랜드란 결국, "그 이름을 들었을 때 떠오르는 이미지"다. 그러니 당신의 이름을 들었을 때 특정 키워드와 가치가 자동으로 따라오도록 만들어야 한다.

예를 들어보자.

"최병석?"

"아, 그 1인 창업 브랜딩 전문가?"

"맞아. 그 사람 블로그 매주 보는 중."

이 공식은 다음과 같다.

이름 → 키워드 → 가치 제안

이 구조가 고정되면, 당신은 '변화하는 시장'에서도 흔들리지 않는다. 왜냐하면 당신이 팔고 있는 건 상품이 아니라 신뢰와 연결된 정체성이기 때문이다.

3. 트렌드는 소비하고, 핵심은 보존하라

많은 퍼스널 브랜드가 무너지는 이유는 트렌드에 휘둘리기 때문이다. 갑자기 숏폼이 뜬다니까 모든 콘텐츠를 영상으로 바꾸고, 오디오 콘텐츠가 떴다니까 갑자기 팟캐스트로 전환한다. 그렇게 핵심은 사라지고, 모양만 남는다. 브랜드는 움직이지 않는다. 콘텐츠만 움직인다. 핵심은 오직 하나, 당신만이 줄 수 있는 가치의 중심이다. 트렌드는 소비하고, 핵심은 보존하라. 당신만의 메시지는 어떤 유행이 오든 '형태만 바뀔 뿐 내용은 변하지 않아야 한다'.

(예)
2020년엔 블로그에서 '가치'를 말했다
2022년엔 유튜브에서 '가치'를 전했다
2024년엔 뉴스 기사로 '가치'를 보였다

플랫폼은 바뀌어도, 핵심은 당신이다.

4. 사람보다 시스템을 남겨라

진짜 브랜드는 '사람'이 사라져도 살아남는다. 스타트업 창업자 한 명의 이름으로 시작된 브랜드가 창업자가 떠나도 이어지는 이유는, 그 안에 시스템이 있기 때문이다.

당신이 지금까지 만들어 온 블로그, 기사, 유튜브, SNS, 책, 출판물, 검색 노출물… 이것은 단순한 콘텐츠가 아니다. 그것은 '나 없이도 나를 설명하는 자산'이다.

그래서 나는 디지털 아카이브 시스템을 강조했고, 검색에 자동 노출되는 구조를 세팅하자고 말해왔다. 이 모든 것은 결국 한 방향을 향해 있었다. 당신이 없어도 브랜드가 굴러가게 만드는 구조다.

5. "비슷한 사람들 많잖아요"를 이기는 단 하나의 방식

사람들은 이렇게 묻는다. "아니, 이런 전문가들 많잖아요. 차별점이 뭐예요?" 여기서 대부분의 반짝 브랜드는 무너진다. "아...저만의 경험이요." "저는 진심이에요." 미안하지만, 요즘 세상에 진심은 기본이고, 경험은 넘쳐난다.

진짜 차별점은 '시간'이다. 3개월을 버틴 사람보다, 3년을 버틴 사람에게 신뢰가 간다. '같은 말이라도 10년째 하는 사람'이 결국 권위자가 된다.

그러니 당신은 시간이 무기다.
지속은 차별을 만든다.

반짝스타	영원한 브랜드
일회성 유행 콘텐츠	핵심 메시지 반복 노출
채널마다 다른 정체성	모든 채널에서 같은 이름-키워드-가치 유지
즉흥적 대응	사례+데이터+느낀점 구조
질문/행동 유도/요약	아카이브 기반 콘텐츠 시스템 운영
소문에 의존	검색 기반 증거 자산 구축
팬 수에 집착	관계 깊은 팔로워와 팬덤 기반
갑자기 유명해짐	천천히, 꾸준히, 오래

공식 요약: 반짝 스타 vs. 영원한 브랜드

브랜드는 불꽃놀이가 아니다. 불씨다.

한순간 번쩍이는 게 아니라, 꺼지지 않고 계속 타오르는 것이어야 한다. 당신의 이름이 오늘도, 그리고 10년 뒤에도 검색되는 이유는 지속성과 시스템, 그리고 의도된 반복 속에 있다.

이제 '유명해지는 것'은 그만.
'기억되는 사람'이 되어야 할 시간이다.

내 이름이 '돈'과 '영향력'이 되는 순간!
이제 당신 차례다

∴

이제 당신에게 묻는다.

"당신 이름, 팔릴 준비되었는가?"

처음엔 단지 이름을 검색해도 아무것도 안 나오는 '존재감 0'의 사람이었다. 지금은 어떤가? 이제 검색하면 '무언가'가 나온다. 그리고 그 '무언가'는 결국 돈과 영향력이라는 실체로 연결된다.

그렇다. 지금 이 순간부터, 당신의 이름은 더 이상 단순한 이름이 아니다. 당신의 이름은 곧 사업이고, 브랜드이며, 통장에 찍힐 숫자다.

이게 바로 '퍼스널 브랜딩의 종착역'

'네이버 도배'는 끝이 아니라 시작이었다. 그 도배된 페이지 하나하나가 당신의 실력을 보여주는 쇼윈도였고, 그 쇼윈도를 본 사람들이 '돈을 낼 명분'을 만들어 준 셈이다.

그들이 사는 건 제품이 아니다. 그들이 지불하는 건 정보가 아니다. 그들은 당신이 가진 '정체성'과 '확신'에 돈을 내는 것이다.

브랜딩이 잘 된다는 건, 결국 이렇게 된다. 제품보다 사람이 먼저 팔린다. 콘텐츠보다 프로필이 먼저 팔린다. 광고보다 검색 결과가 먼저 팔린다. 결국, 브랜드는 "그 사람이니까 사는 것"이라는 말로 수렴된다. 그 사람이 누구냐고? 바로 당신이다.

실전 수익화, 최종 공식: '키워드 → 노출 → 신뢰 → 수익'

이제 수익은 아래의 단계로 이동한다. 이 구조는 절대 무너지지 않는 구조다.

1. 정체성 키워드로 노출된다.

- 네이버 블로그, 뉴스, 유튜브, 스마트플레이스, 인스타그램 등
- 모든 채널에서 '당신 이름+정체성 키워드'가 검색된다.

2. 누군가 당신을 검색한다.

- 강의 제안, 출간 제안, 인터뷰 제안, 컨설팅 요청 등.
- 그 사람은 이미 '당신을 신뢰'하고 있다 (검색 결과를 봤으니까).

3. 신뢰는 곧 수익으로 전환된다.

- 강의료, 자문료, 출간 인세, 브랜드 협업, 광고 계약
- 신뢰 = 돈 = 영향력

4. 지속적인 콘텐츠로 자산이 된다.

- 검색될수록 자동으로 당신은 부자처럼 보인다.
- 자동으로 누군가 연락을 한다.
- 자동으로 기회가 온다.

브랜드화된 이름이 만들어내는 현실이 변화할 것이다.

"선생님 블로그 글 보고 연락드렸어요. 컨설팅 가능하신가요?"
"혹시 이 콘텐츠로 강의도 하시나요?"
"○○ 관련해서 대표님이 제일 먼저 떠올라서 연락드렸어요."

이 말들은 상상 속 대사가 아니다. 실제로 퍼스널 브랜딩을 이룬 사람들이 하루에도 몇 번씩 듣는 멘트다. 왜냐고? 그들은 스스로를 알릴 필요 없이 검색되도록 만든 사람들이니까. 그리고 이 책을 끝까지 읽은 당신도 이제 그 범주에 들어가는 사람이니까.

당신 이름, 가격을 매겨라!
자, 이제 이렇게 해보자. 당신의 이름을 상품이라고 생각하고, 그 상품에 가격을 매겨보라.

"당신의 1시간 컨설팅은 얼마인가?"
"당신의 글 한 편은 얼마인가?"

"당신의 강의 1시간은 얼마인가?"

"당신과 인터뷰하는 권리는 얼마인가?"

이 가격을 '감'으로 매기지 마라. 검색 결과와 온라인 자산이 그 가치를 뒷받침할 수 있어야 한다. 지금까지 우리가 만들어온 모든 콘텐츠, 도배된 이름, 정체성 키워드, AI로 만든 아카이브 시스템…이 모든 것이 "당신의 이름값"을 만들어내는 무기였다.

이 책의 종착지는 '돈'이 아니다. 지금까지 우리는 단순히 '돈을 벌자'는 이야기를 해온 게 아니다. 우리는 당신의 이름에 의미를 부여하고, 그것이 세상에 영향력을 갖는 방법을 이야기했다. 그 결과로 '돈'이 따라온 것이다. 당신이 제대로 브랜딩했기 때문에, 누군가는 당신을 '필요한 사람'으로 인식했고, 그 필요를 해결하기 위해 기꺼이 지갑을 열 준비를 한 것이다.

검색 결과는 곧 통장 잔고다.

이제는 당신 차례나.

지금까지 '당신의 이름이 검색되는 구조'를 만들었다면, 이제

'당신 이름이 팔리는 구조'를 만들 시간이다.

그러니 이 책의 마지막 페이지를 넘기는 순간,

당신은 검색하는 사람이 아니라,

검색되는 사람이 되어야 한다.

그리고 그 이름에, 세상이 돈과 기회를 붙인다.

제5부 수익화편 체크리스트

☐ 브랜딩이 수익이 되는 원리를 제대로 이해하고 있다.

☐ 강의, 컨설팅, 출판 중 최소 하나의 수익 모델을 구체화했다.

☐ 협찬·광고·기업 제안이 올 수 있는 채널을 열어두었다.

☐ 나만의 팬덤, 충성 고객을 위한 커뮤니티를 구상했다.

☐ 평판 공격, 악플, 루머에 대응할 나만의 기준과 매뉴얼을 만들었다.

☐ '검색되는 사람'에서 '영원히 기억되는 브랜드'로 가는 여정을 그려보았다.

☐ 수익보다 '영향력'을 중심에 둔 브랜딩 철학을 정립했다.

☐ 내가 무엇을 팔든 신뢰를 먼저 구축할 수 있는 구조를 만들었다.

☐ 수익 흐름, 콘텐츠 흐름, 고객 반응 흐름을 연결해 하나의 전략으로 묶었다.

☐ '이제 나의 이름은 곧 나의 브랜드'라는 말에 확신을 갖게 되었다.

에필로그

검색되는 이름, 기억되는 사람, 선택받는 인생

벅벅

당신은 여기까지 와줬다.

수많은 페이지를 넘기며 나와 함께 고민했고, 고개를 끄덕이며 속으로 다짐했을 것이다.

"그래, 나도 이제 검색되는 사람이 되어야지."

시작은 단순했다. 이름 석 자를 검색창에 올리는 일. 그러나 그 단순한 행동이 얼마나 큰 변화를 불러오는지, 이제는 당신이 가장 잘 알 것이다.

당신은 더 이상 '이름 없는 노력'을 반복하지 않을 것이다. '열심히 한다'는 말로 포장된, 그러나 아무도 주목하지 않는 과정을 벗어날 것이다. 당신의 존재는 이제 검색된다. 연결된다. 신뢰받는다.

단순히 '퍼스널 브랜딩'을 위한 매뉴얼을 만들고 싶지는 않았다. 당신이 '누군가의 레이더에 포착되게 만드는 법'에 대한 전략서가 되고 싶었다.

말뿐인 브랜딩이 아니라, 실제로 돈이 되고, 기회가 되고, 영향력이 되는 진짜 퍼스널 브랜드 전략.

그 여정에 필요한 모든 것을 담고 싶었다. 기획부터 실행까지, 혼자서도 할 수 있고, 지금 당장 시작할 수 있는 현실적인 전략만 모았다.

이 책의 초판을 본 지인의 첫 말은, "꿈만 같다"였다. 그리 바라던 꿈같은 이야기이면서, 정말 그것이 현실이 될 수 있는지 꿈같은 이야기라는 이중적인 표현이었다.

정말로 이게 되나? 또 이것으로 돈이 벌리나? 한가지, 확실하게 말 할 수 있는 것은 나는 그 꿈대로 살고 있다는 것이고, 또 많은 사람들에게 도움을 주고 있다는 것이다. 당신이 그 사람 중에 한 명이 되길 간절히 바란다.

검색 1페이지에 내 이름이 뜨는 순간부터 사람들은 나를 다르게 대하기 시작했다. 내가 가진 정보, 내 경험, 내 지식, 그 모든 것들이 '이 사람, 진짜 뭔가 있다'는 확신으로 바뀌었다.

더는 거절당하지 않았다. 내가 나서지 않아도 사람들이 먼저 다가왔다. 제안이 오고, 협업이 오고, 기회가 만들어졌다. 단지 이름 석 자를 검색할 수 있게 만들었을 뿐인데 말이다.

브랜딩은 더 이상 대기업만의 전유물이 아니다. 지금 이 시대, 개인은 하나의 미디어이자 하나의 브랜드다. 그리고 브랜드는 단순한 꾸밈이 아니라 '기록된 정체성'이며 '보여지는 진심'이다.

이 책을 다 읽은 당신은 단지 정보를 얻은 게 아니라 하나의 전환점을 맞이한 것이다. 당신의 이름이 '브랜드'로 점화되는 최초의 불씨가 될 것이다.

당신의 이름이 브랜드가 되고, 브랜드가 영향력을 만들고, 그 영향력이 수익으로 연결되는 선순환. 이제는 이 구조를 설계할 줄 아는 사람이 된 것이다.

모든 시작은 작다. 하지만 작게 시작한 사람만이 크게 도약할 수 있다. 당신이 지금 이 책을 덮는 순간, 그저 지식만 얻고 끝낼지, 실제 결과를 만들어 낼지는 당신의 선택에 달려 있다.

내가 해낸 것처럼, 수많은 사람들이 해낸 것처럼, 당신도 반드시 해낼 수 있다. 당신의 이름으로 검색되는 세상, 그 안에 당신의 이야기를 꽉 채워 넣어라.

이제는, 당신의 차례다. 지금부터 검색될 준비, 됐는가?

내 이름 NAVER에 쁙쁙 도배하기

부록

1. 핵심만 따로! 체크! 체크! 체크!

이래도 되나 싶지만, 이 책의 전체 요약과 실행시 도움이 될 체크리스트를 제공할까한다. 정말로 너무나 친절한 책이 아닐 수 없지 않은가?

1부. 검색하면 안 나온다고? 존재하지 않는 거다! (현실 진단편)

이제 '검색되지 않는 사람'은 존재하지 않는 사람이다. 네이버 검색창은 당신의 온라인 정체성을 판별하는 첫 관문이다. 검색 결과가 없다는 건 곧 기회도 없다는 뜻이다. 현실을 직면하라. 브랜딩은 선택이 아니라 생존이다. '나'라는 키워드를 중심으로 온라인 세상에 발자국을 남기는 것이 첫 걸음이다.

:: "내 이름 검색해 봤어?" 현실 폭망 테스트

지금 검색되지 않는 당신은 존재하지 않는 사람이다. 검색은 이 시대의 존재 증명이다. 이제는 당신 스스로를 검색해봐야 할 시간이다.

☐ 네이버에 내 이름을 검색해봤다.

☐ 나와 관련된 콘텐츠가 1페이지 내에 노출된다.

☐ 동명이인보다 내가 먼저 검색된다.

☐ 내 콘텐츠가 검색되지 않는 이유를 파악했다.

:: 네이버 검색 결과가 당신의 급을 결정한다

네이버 검색 결과가 당신의 급을 결정한다. 검색 1페이지 안에 있는가, 아닌가. 그것이 당신의 신뢰도와 영향력을 결정한다. 콘텐츠보다 더 중요한 건 '노출'이다.

- ☐ 네이버 검색 결과 1페이지에 내가 있다.
- ☐ 내 콘텐츠가 뉴스/블로그/지식인 등 다양한 채널에서 나온다.
- ☐ 검색 결과에서 나를 나타내는 키워드가 일관된다.
- ☐ 나를 클릭하고 싶은 검색 결과 화면을 만들고 있다.

:: "이 사람 누구야?" 네이버·구글이 좋아하는 사람들

좋아 보이는 사람보다, 자주 나오는 사람이 기억된다. 플랫폼은 신뢰보다 '반복'과 '일관성'을 좋아한다.

- ☐ 내 이름을 검색했을 때 최소 3개 채널에서 노출된다.
- ☐ 정체성 키워드가 포함된 글이 반복적으로 보인다.
- ☐ 네이버와 구글 모두에 내 이름이 검색된다.
- ☐ 나를 설명할 수 있는 콘텐츠가 연결 구조로 존재한다.

:: 내가 아무리 대단해도, 검색 안 되면 소용없다

당신이 무엇을 해왔는지는 중요하지 않다. 사람들이 알 수 없다면, 아무 의미도 없다. 검색되지 않는 실력은 '잠자는 무기'일 뿐이다.

☐ 내 커리어와 스토리가 콘텐츠화 되어 있다.

☐ 사람들이 검색할 만한 키워드와 연결되어 있다.

☐ 나를 알릴 수 있는 글이나 영상이 온라인에 있다.

☐ '이름'만으로 내 전문성을 드러낼 수 있는가?

:: "나도 유명해질 수 있을까?" 브랜딩 가능성 체크리스트

브랜딩은 거창한 게 아니다. 지금의 나를 '검색 가능한 가치'로 재정의하는 일이다. 그 가능성은 누구에게나 있다.

☐ 내 이름으로 검색된 콘텐츠가 5개 이상 있다.

☐ 나만의 캐릭터 또는 톤이 명확히 드러난다.

☐ 사람들에게 내 전문 분야를 설명할 수 있다.

☐ 한 줄로 나를 정의할 수 있다.

:: 지금 당장 내 이름을 도배해야 하는 이유

검색되는 이름은 자산이 된다. 누적될수록 신뢰가 쌓이고, 기회가 온다. 도배는 선택이 아닌 생존의 방식이다.

☐ 네이버, 구글 등 주요 플랫폼에서 내 이름이 동일하게 노출된다.

☐ 블로그/지식인/프로필/카페 등 다양한 채널을 시작했다.

☐ 네이버 도배를 위한 로드맵을 세워봤다.

☐ 콘텐츠마다 내 이름과 키워드가 반복적으로 포함된다.

:: 시작하기 전 알아야 할 온라인 브랜딩의 함정과 오해들

SNS 팔로워가 많다고 브랜딩이 아니다. 브랜딩은 '검색되는 나'를 만드는 구조적 작업이다. 착각하지 말자.

☐ 팔로워 수보다 검색 결과 수가 중요하다는 걸 이해했다.

☐ 좋아요 수보다 '검색 키워드'가 중심이 되어야 함을 인지했다.

☐ 브랜딩이 단순 SNS 활동이 아니라는 걸 명확히 했다.

☐ '보이는 나'와 '검색되는 나'의 차이를 구분할 수 있다.

:: 디지털 발자국의 가치: 당신의 온라인 자산 MAP 만들기

검색되는 자산은 곧 기회다. 당신의 온라인 흔적 하나하나가 자산이 되는 시대. 이제는 전략적으로 남겨야 한다.

☐ 지금까지의 온라인 활동을 목록화했다.

☐ 내 이름이 남아 있는 채널과 활동을 파악했다.

☐ 모든 채널에 동일한 톤과 키워드를 적용했다.

☐ 나의 온라인 자산을 '지도'처럼 구조화했다.

2부. 내 이름, 브랜드로 바꾸는 비밀 코드: 브랜딩 설계법 (필수 원칙편)

브랜딩은 '정체성 → 오디언스 → 키워드 → 구조화'의 순환 구조로 이루어진다. 정체성은 내가 누구인지 명확하게 정의하는 것, 오디언스는 누가 나를 찾아야 하는지를 좁히는 것, 키워드는 검색창에 입력될 단어를 설계하는 작업이다.

그리고 이 모든 것이 디지털 공간 위에 전략적으로 배치되어야 한다. 이 부는 브랜딩의 본질과 뼈대를 잡아주는 '설계도'다.

:: '듣보잡'에서 '검색어 1위'로 가는 필승 공식 '정체성': 차별화 포인트 가이드

정체성은 브랜딩의 중심축이다. '무엇을 하느냐'보다 '어떤 사람으로 보이느냐'가 검색 시대의 승부처다. 당신의 정체성을 한 문장으로 정리하라.

☐ 나를 한 문장으로 설명할 수 있다.

☐ 내 직업보다 내 정체성이 더 강하게 느껴진다.

☐ 차별성 있는 키워드를 찾았다.

☐ 사람들이 내 이름을 보면 떠올릴 수 있는 이미지가 있다.

:: 타겟 오디언스 분석: 나를 검색할 사람은 누구인가?

모든 사람에게 말하면, 누구에게도 들리지 않는다. 당신을 검색할 단 한 사람을 구체화하라. 그 사람이 콘텐츠의 방향을 결정한다.

☐ 나의 타겟 오디언스를 1명처럼 구체화했다.

☐ 그들의 문제와 욕망을 이해하고 있다.

☐ 그들이 자주 쓰는 언어와 채널을 파악했다.

☐ 그들이 검색할 법한 키워드를 콘텐츠에 반영했다.

:: 네이버 위에 나의 키워드: 결국 네이버는 검색엔진이다

네이버는 감성이 아니라 구조로 움직인다. 키워드는 당신의 존재를 검색엔진에 '번역'해주는 도구다. 감동보다 연결이 먼저다.

☐ 나의 정체성과 연결되는 키워드를 최소 3개 도출했다.

☐ 그 키워드로 검색했을 때 내 콘텐츠가 나온다.

☐ 사람들이 자주 검색할 수 있는 키워드로 콘텐츠를 구성했다.

☐ 키워드가 콘텐츠의 제목, 첫 문단, 소제목에 자연스럽게 녹아있다.

:: 네이버 알고리즘 따윈 무시해! 내가 직접 내 로직을 만든다

알고리즘은 예측 가능한 행동을 신뢰한다. 반복, 연결, 주기성이 구조를 만든다. 우리는 그 구조를 스스로 설계할 수 있다.

☐ 동일한 키워드로 다양한 채널에서 콘텐츠를 올리고 있다.

☐ 정해진 요일과 시간에 콘텐츠를 발행하고 있다.

☐ 콘텐츠의 주제와 형식이 일관성을 가진다.

☐ 내 콘텐츠가 하나의 이야기처럼 연결되어 있다.

:: 검색되는 콘텐츠 공식: 핵심가치 키워드 전략

사람들은 정보를 찾지 않는다. 변화를 찾는다. 키워드는 정보가 아니라, 변화의 욕망을 언어화한 것이다. 그래서 키워드는 감정이다.

☐ 콘텐츠의 제목이 문제 해결형 또는 변화 유도형이다.

☐ 서두에 독자의 공감을 자극하는 문장이 있다.

☐ 핵심가치 키워드가 본문 전반에 자연스럽게 배치되어 있다.

☐ 콘텐츠가 경험 기반의 사례와 적용 팁으로 구성되어 있다.

:: 디지털 아카이브 시스템: 관리란 없다, 한 번 세팅하면 그대로 쭉!

브랜딩은 지속적인 활동이 아니다. 잘 설계된 구조가 자동으로 작동하게 하는 것이다. 핵심 키워드 중심으로 '디지털 자산 지도'를 만들어라.

☐ 나의 핵심 키워드 3개를 모든 채널에 반영했다.

☐ 각 채널에 대표 콘텐츠 3개를 고정했다.

☐ 프로필/소개 문구가 일관성 있게 설계되어 있다.

☐ 블로그, 인스타그램, 유튜브, 뉴스 등에서 같은 정체성을 유지하고 있다.

3부. 네이버에 내 이름 도배하는 찐비밀 (실전 전략편)

온라인 브랜딩은 '정체성의 증거를 콘텐츠로 남기는 일'이다. 프로필, 키워드, 블로그, 인물 정보, 기사, 유튜브, 지식인까지 네이버의 다양한 채널에 당신의 이름을 '일관되게', '반복적으로', '전략적으로' 심는 것이 핵심이다.

이 부는 네이버에 이름을 도배하는 실전 매뉴얼이다. "도대체 뭘 하면 되는데요?"에 대한 아주 구체적이고 현실적인 해답이다.

:: 가짜 유명인이 되는 법 vs. 진짜 영향력을 만드는 법

표면적인 노출이 아닌, '신뢰 기반의 검색 노출'이 진짜 영향력을 만든다.

- ☐ 검색 결과에서 내 이름과 연결된 콘텐츠가 3개 이상 있는가?
- ☐ '팔로워 수'보다 '콘텐츠 검색 결과' 중심으로 내 영향력을 점검하고 있는가?
- ☐ 콘텐츠에 내 전문성, 경험, 시선이 반영되어 있는가?

:: AI 활용하여 질문에 답변하며 저절로 찾아지는 정체성 키워드 도출 비법

AI 질문답변을 통해 나의 본질적 키워드를 찾아내면 퍼스널 브랜딩의 방향이 명확해진다.

☐ AI에게 "나는 누구인가?"와 같은 질문을 던져 보았는가?

☐ 정체성 키워드를 2~3개로 도출하여 기록해두었는가?

☐ 이 키워드로 검색 시 내 이름과 콘텐츠가 연결될 가능성을 점검해 보았는가?

:: 온라인 프로필 최적화: 네이버 프로필, 스마트 플레이스, 인스타그램

온라인상의 '첫인상'을 만드는 프로필은 키워드 중심으로 구성되어야 한다.

☐ 네이버 프로필 상단에 나의 핵심 키워드를 명시했는가?

☐ 스마트플레이스 소개글에 정체성과 키워드가 잘 녹아 있는가?

☐ 인스타그램 바이오에 브랜딩 키워드를 넣었는가?

:: 네이버 인물정보 등록으로 '공식 인물' 되기

네이버 인물정보는 검색 신뢰도를 비약적으로 높이는 강력한 퍼스널 브랜딩 툴이다.

☐ 내 이름으로 등록 가능한 '보도자료' 혹은 '언론 노출 기록'이 있는가?

☐ 제출 요건에 맞는 포트폴리오, 경력, 기사 링크를 준비했는가?

☐ 인물정보 등록 후 검색 첫 페이지에 내 정보가 노출되는지 확인했는가?

:: '연관검색어'에 내 이름 띄우는 비법

내 이름과 키워드를 반복 노출시켜 연관검색어로 만들어야 한다.

☐ 내 이름 + 키워드 조합으로 블로그, 지식인, 보도자료, 영상 등을 제작했는가?

☐ 동일한 조합의 키워드를 꾸준히 반복 노출하고 있는가?

☐ 네이버 자동완성/연관검색어에 내 키워드가 뜨는지 주기적으로 점검하고 있는가?

:: 쉽게 가자! AI 활용 콘텐츠 제작법: 프롬프트의 마법

AI 프롬프트 전략을 통해 콘텐츠 생산을 자동화하면 브랜딩의 속도가 빨라진다.

☐ 나만의 콘텐츠 생산용 프롬프트(질문 템플릿)를 보유하고 있는가?

☐ 콘텐츠마다 동일한 키워드가 포함되도록 설정하고 있는가?

☐ 콘텐츠를 블로그, 인스타, 지식인 등에 자동 배포할 구조를 만들었는가?

:: 엄마! 나 신문에 나왔어요! 보도자료 및 신문기사 작성법

신뢰도 있는 검색 노출의 핵심은 '제3자의 보도자료'다.

☐ 내 브랜딩을 기사화할 만한 이슈, 스토리, 사례가 정리되어 있는가?

☐ 언론 보도자료용으로 콘텐츠를 재가공할 수 있는가?

☐ 신문/언론사 플랫폼에 내 이름으로 검색 노출이 되는가?

:: 단지 5개의 유튜브 영상으로 네이버 정복하기

네이버는 유튜브 영상도 검색한다. 핵심은 키워드 중심의 영상 제목과 설명이다.

☐ 내 키워드 중심으로 5개의 브랜딩 영상 콘텐츠를 기획했는가?

☐ 영상 제목, 설명란, 해시태그에 정체성 키워드가 포함되었는가?

☐ 영상에 내 이름과 키워드가 자연스럽게 녹아 있는가?

:: 네이버 지식인 활용법: 전문가로 인정받는 질문 답변 전략

질문에 대한 진심 어린 답변이 나를 전문가로 검색하게 만든다.

☐ 내 분야와 관련된 지식인 질문을 매주 3개 이상 답하고 있는가?

☐ 답변에 핵심 키워드를 자연스럽게 삽입하고 있는가?

☐ 답변 내용에 내 전문성, 경험, 사례가 포함되었는가?

:: 꼼수 작렬! 네이버 블로그 최적화하는 법

블로그는 키워드 최적화의 본진. 네이버는 블로그를 가장 빠르게 읽고 판단한다.

☐ 제목, 본문 서두, 중간, 끝에 키워드를 자연스럽게 삽입했는가?

- ☐ 블로그 카테고리와 태그 설정이 검색 키워드와 맞는가?
- ☐ 유사 주제의 글을 시리즈처럼 연결해 키워드를 반복하고 있는가?

:: 정체공개! 퍼스널 브랜딩 디지털 아카이브 시스템 퍼즐 맞추기

디지털 아카이브는 관리가 아닌 '정적 구조'이다. 키워드를 축으로 연결만 하면 끝.

- ☐ 내가 운영 중인 모든 채널(블로그,인스타,유튜브 등)에 동일한 키워드를 반영했는가?
- ☐ 각 채널에 대표 콘텐츠 3개를 고정시켜 뼈대를 만들었는가?
- ☐ 소개글, 바이오, 프로필 설명을 키워드 중심으로 정리했는가?

4부. 이 정도로 만족 못 하는 완벽이들을 위한 친절한 전략 (시너지 전략편)

네이버 도배는 시작일 뿐이다. 이제는 시너지의 전략이 필요하다. 콘텐츠의 품질을 올리고, 키워드 구조를 최적화하고, 이미지·동영상·카테고리·태그까지 잡아야 진짜 검색 상위 노출이 가능하다. 더불어, 성과 측정과 분석(구글/네이버 애널리틱스), 광고/SNS/언론/영상 등 채널 믹스 전략을 통해 검색이 아닌 '발견되는 구조'를 만든다. 이 부는 브랜드 확장과 성장을 위한 고급 전략서다.

:: 오리지널 콘텐츠 제작 방법: 표절 없이 차별화하기

차별화된 콘텐츠는 '진짜 경험 + 자기 언어'로 완성된다. 따라 하지 말고, '번역'하라.

☐ 콘텐츠의 출발점이 '내 경험' 또는 '내 관점'인가?

☐ 다른 콘텐츠를 참고했더라도 내 언어와 사례로 재해석했는가?

☐ 동일 주제를 다루더라도 나만의 시선과 구조로 차별화했는가?

:: 네이버 검색 트렌드 분석 및 활용법

트렌드를 분석하는 이유는 따라가기 위함이 아니라, 타이밍을 정확히 맞추기 위함이다.

- ☐ 네이버 데이터랩 또는 키워드 도구로 키워드 트렌드를 주기적으로 분석하고 있는가?
- ☐ 내 콘텐츠에 반영된 키워드는 실제 검색량이 있는가?
- ☐ 트렌드 변화에 따라 콘텐츠 아이템을 조정한 적이 있는가?

:: 검색 최적화 끝판왕: 카테고리와 태그 설정의 비밀

카테고리와 태그는 검색엔진이 콘텐츠를 분류하는 지름길이다. 잘 쓰면 SEO 마법이 된다.

- ☐ 블로그 글의 카테고리가 내 정체성과 키워드에 맞게 정리되어 있는가?
- ☐ 태그에 내 키워드와 타겟 오디언스가 실제로 검색할 단어가 포함되어 있는가?
- ☐ 각 콘텐츠마다 주제별로 일관된 태그 전략을 유지하고 있는가?

:: SEO까지 잡아야 게임 끝! 이미지·동영상 최적화 전략

텍스트만큼 이미지와 동영상의 '이름과 설명'도 검색에 영향을 미친다. 시각 콘텐츠도 텍스트화하라.

- ☐ 이미지 파일명에 키워드가 포함되어 있는가? (예: branding_story.jpg)
- ☐ 이미지 ALT 텍스트에 키워드를 넣고 있는가?

☐ . 영상 제목, 설명, 해시태그에 정체성 키워드가 반영되어 있는가?

:: 구글 애널리틱스 & 네이버 애널리틱스로 브랜딩 성과 추적하기

측정하지 않으면 성장도 없다. 브랜딩도 숫자로 관리하는 시대다.

☐ 내 사이트(또는 블로그)에 구글 애널리틱스를 연동했는가?

☐ 가장 많이 클릭된 콘텐츠, 페이지 체류 시간, 유입 키워드를 확인했는가?

☐ 데이터를 분석해 키워드, 콘텐츠 전략을 수정하거나 보완한 경험이 있는가?

:: 시너지를 만드는 채널 활성화 & 광고 전략 3단계

SNS 입소문→ 무료 콘텐츠→ 유료 광고는 가장 강력한 시너지 루트다. 순서를 바꾸지 말 것.

☐ SNS에 내 콘텐츠를 자연스럽게 소개하고 있는가? (입소문 채널)

☐ 블로그/신문기사/유튜브 등 신뢰 기반 콘텐츠가 확보되어 있는가? (무료 채널)

☐ 필요할 때 유료 광고로 노출을 강화하고 있는가? (검색광고/디스플레이)

5부. 브랜드만 키우고 돈을 못 번다고? 수익으로 연결하기 (수익화 편)

브랜딩의 끝은 '돈'과 '영향력'이다.

검색되는 이름이 팔리는 이름이 되고, 협업과 광고, 제안과 출판, 팬덤과 충성 고객으로 연결되어야 진짜다. 강의, 컨설팅, 온라인 수익, 커뮤니티 운영, 파생상품 등 퍼스널 브랜드는 다양한 형태의 수익모델을 창출할 수 있다. 단, 조건이 있다. 일관성 있고 구조화된 온라인 존재감이 있어야 한다.

이 부는 '검색된 나'를 '선택받는 나'로 바꾸는 수익전략서다.

:: 브랜딩이 돈이 되는 원리: 그냥 유명하면 끝이 아니다

'검색되는 이름'은 신뢰를 만들고, 신뢰는 거래를 만든다. 수익의 출발점은 눈에 띄는 것에서 시작된다.

☐ 내 이름을 검색했을 때 '전문가 이미지'가 노출되는가?

☐ 온라인상의 나의 정보가 '수익 연결 가능성' 있는 콘텐츠로 구성되어 있는가?

☐ 이름을 검색한 사람에게 구매, 문의, 구독, 상담으로 이어질 수 있는 통로가 있는가?

:: 돈!돈!돈! 강의·컨설팅·출판으로 전문가 타이틀 거머쥐기

전문가란 자격이 아니라, 검색 결과로 증명되는 '포지셔닝'이다. 노출의 깊이와 연결이 기회

☐ 나만의 콘텐츠 자산(슬라이드, 글, 영상 등)이 있는가?

☐ 타겟 오디언스가 '이 사람한테 배우고 싶다'는 감정을 느낄 요소가 있는가?

☐ 강의/코칭/출판 제안이 들어올 수 있도록 프로필이 잘 정리되어 있는가?

:: 협찬·광고·기업 제안받는 퍼스널 브랜딩 운영법

브랜드와 기업은 노출보다 '일관성' 있는 메시지를 원한다. 진정성이 협업을 부른다.

☐ 내가 운영하는 채널에 광고주가 관심 가질 만한 브랜드 톤이 있는가?

☐ 내 콘텐츠는 하나의 주제로 일관되게 구성되어 있는가?

☐ 협업 제안이 올 수 있도록 프로필, 이메일, DM 등 소통 창구가 열려 있는가?

:: 팬덤 만들고 충성고객 확보하는 핵심 공식

팔리는 브랜드의 핵심은 '충성 고객'이다. 팬은 단순 고객이 아닌, 콘텐츠의 자발적 확산자다.

☐ 나의 콘텐츠를 반복적으로 소비하고 공유하는 사람이 존재하는가?

- ☐ 팬과 교류할 수 있는 채널(댓글, DM, 오픈채팅 등)이 마련되어 있는가?
- ☐ 팬만을 위한 콘텐츠, 이벤트, 정보 제공 시스템이 있는가?

:: 브랜드 관리법! 네거티브·악플·평판 공격받으면 이렇게 조져라

브랜딩은 신뢰로 쌓이지만, 위기는 순식간에 온다. 평판 리스크는 준비된 사람만이 이겨낸다.

- ☐ 나의 이름이나 브랜드명을 정기적으로 검색하여 이상 징후를 체크하고 있는가?
- ☐ 악플/부정 댓글/악성 게시물에 대응할 수 있는 기준과 방식이 정해져 있는가?
- ☐ 나의 강점을 더욱 강화하고, 신뢰 기반 콘텐츠를 통해 균형을 맞추고 있는가?

:: '반짝 스타'가 아니라 '영원한 브랜드'가 되는 법

지속 가능성은 반복성에서 나온다. 브랜드는 사람의 삶과 함께 성장해야 진짜가 된다.

- ☐ 나의 콘텐츠 활동에 '일정한 주기'와 '변화 가능한 포맷'이 있는가?
- ☐ 브랜드의 정체성과 핵심 키워드를 유지하면서도, 시대 흐름을 반영하고 있는가?
- ☐ 브랜드 철학이 콘텐츠, 제품, 서비스 전반에 일관되게 녹아 있는가?

:: 내 이름이 '돈'과 '영향력'이 되는 순간! (이제 당신 차례다)

검색된 이름이 '선택'되는 이름이 되는 순간, 브랜딩은 실전이 된다. 결국 모든 것은 실행이다.

☐ 지금까지 배운 내용을 적용하여 실행 리스트를 구성했는가?

☐ 내 이름이 검색될 때 나오는 화면에 '브랜드적 설계'가 적용되었는가?

☐ 실행하면서 측정하고 수정하는 피드백 시스템을 갖추고 있는가?

2. 이런 실수는 피하세요!

벅벅

"왜 나는 이 책대로 했는데 검색이 안 되는 걸까요?"

"저… 다 했는데요. 이름도 도배했고, 키워드도 썼고, 블로그도 매일 썼어요. 근데 왜 검색에 안 떠요?"

나도 한때 그런 질문을 받고 당황한 적이 있다. 반성도, 해석도, 전략도 없이 그냥 따라한 사람일까? 아니면 뭔가 본질을 놓쳤던 걸까? 그때 나는 조심스럽게 되물었다.

"혹시… 검색창에 본인 이름 말고, 정체성 키워드로 검색해 보셨나요?"

그 대답은 늘 비슷했다.

"네? 이름만 치면 다 나와야 하는 거 아니에요?"

바로 여기에, 많은 이들의 첫 번째 함정이 숨어 있다. 우리의 전략은 먼저 정체성 키워드에 조섬을 맞추고 있다. 그리고 항상 정체성 키워드 옆에는 내 이름이 동반되어야 한다. 즉, 네이버에 도배하기 쉬운 정체성 키워드를 먼저 띄우고, 자연스레 내 이름이 연관검색어로 인식되어 정체성 키워드를 검색하면 내 이름이 자연스럽게 함께 노출이 된다.

다음은 네이버 도배에 실패를 한 분들의 공통점을 정리해 보았다.

:: 실패의 공통점 1: '도배'만 하고 '연결'은 안 했다.

검색 결과에 내 이름이 뜨지 않는 이유는 콘텐츠의 개수가 적어서가 아니라, 콘텐츠 간 연결이 없기 때문이다.

블로그엔 블로그대로, 유튜브엔 유튜브대로. 각각 따로 놀고 있었다. 하지만 네이버는 연결된 사람을 '신뢰할 수 있는 사람'으로 본다.

[해결법]

- 콘텐츠마다 '정체성 키워드' 삽입
- 각 채널 간 교차 링크 삽입 (블로그 글 끝에 유튜브 영상 링크, 인스타 추가 등)
- 같은 정체성 문장을 반복해서 사용 (프로필/소개글 통일)

:: **실패의 공통점 2: 2주만 하고 멈췄다.**

당신이 검색되지 않는 이유는, 단지 중단했기 때문이다. 한 콘텐츠로 검색 1위를 할 수 없다. 하지만 3주, 5주, 7주… 키워드가 쌓이고, 연결되고, 반복되면 어느 날부터 당신은 '그 키워드의 사람'으로 인식된다. "아, 이 사람은 계속 나와. 이 키워드는 이 사람이야." 그게 브랜딩이고, 그게 검색의 본질이다. 적어도 당신이 원하는 결과가 완성될 때까지는 계속되어야 한다. 중간에 포기는 절대 금물!

[해결법]

- 30일 챌린지로 꾸준히 실천 (책과 연동된 워크북+알림 시스템 활용)
- 반복보다 중요한 건 '주기성' (예: 매주 월/수/금 3회 게시 전략)
- 콘텐츠보다 습관을 설계하라.

:: **실패의 공통점 3: '정체성 키워드'를 바꾸고 또 바꿨다**

"이 키워드 별로인 것 같아서요."

"검색해 보니 다른 사람도 쓰고 있더라고요."

"그냥 요즘 핫한 단어로 바꿨어요."

정체성은 의상이 아니라 체질이다. 바꿔 입는 것이 아니라,

기억에 각인되도록 고정시키는 것이다. 정체성 키워드를 자꾸 바꾸면, 알고리즘은 혼란스러워지고, 오디언스는 당신을 '뭔가 계속 바뀌는 사람'으로 인식하게 된다.

[해결법]

- 처음 키워드는 검색량이 없더라도 "선점"이 목적임을 기억할 것.
- 내 이름과 키워드가 '빈 페이지'일 때, 빠르게 덮어써야 진짜 나의 키워드가 된다.
- 한 번 설정한 키워드는 3개월 이상 유지하며 브랜딩 콘텐츠에 반복 삽입.

:: 실패의 공통점 4: SNS에는 감성, 블로그엔 정보, 유튜브엔 Vlog… 정체성 분산

플랫폼마다 성격이 다르다는 건 맞다. 하지만 당신의 브랜드는 하나다.

어떤 이는 인스타에선 '힐링 퇴사녀', 블로그에선 '브랜딩 전문가', 유튜브에선 '에세이 작가'로 다르게 등장했다. 이럴 경우 오디언스는 "뭐 하는 사람이지?"라는 의문을 가지게 된다. 같은 사람인지도 모르는 경우가 더 많지만….

[해결법]

- 모든 채널에 동일한 정체성 문장 & 프로필 문구 고정
- 다양한 콘텐츠 톤에도 중심 메시지와 키워드는 일치시킬 것
- '한 사람의 통합된 이야기'로 기억되도록 브랜딩 구조 일관성 유지
- 글에는 공감할 수 있는 '질문', '해결책', '경험'을 포함

∷ 실패의 공통점 5: SEO 지식 없이 제목부터 감성적으로 지었다.

제목이 이렇게 시작했다면 당신도 예외가 아니다.

"비 오는 날, 이별을 견디는 법"

"나는 왜 매번 사랑 앞에서 작아질까"

감성은 좋다. 하지만 검색엔진은 감성에 반응하지 않는다. 사람은 감성으로 글을 읽지만, 검색은 키워드로 접근한다.

[해결법]

- 제목에 반드시 키워드를 포함시킬 것 (예: "감성글쓰기" 대신 "퇴사 후 감성글쓰기 전략")
- 부제목 활용으로 감성과 키워드 모두 포괄.
- 서브타이틀에도 검색되는 언어 반영 (예: "나를 브랜딩하는 에세이 쓰기")

:: 실패의 공통점 6: 검색어 기준으로 콘텐츠를 쓰지 않았다.

"이건 정말 중요한 이야기니까 사람들이 알게 될 거야." 그건 착각이다. 사람은 '아는 것'만 찾는다. '찾을 수 없는 콘텐츠'는 아무리 좋아도 존재하지 않는 것이다.

[해결법]

- 네이버 자동완성·지식iN·블로그 인기 검색어 기반으로 콘텐츠 주제 선정.
- 핵심가치 키워드 + 검색량 있는 조합을 타이틀에 삽입.
- 콘텐츠 설계 단계부터 "이건 누가, 왜 검색할까?"를 먼저 고민할 것.

:: 실패의 공통점 7: '도달'만 기대하고 '구독'은 설계하지 않았다.

한 번 클릭된다고 해서 브랜드가 완성되는 게 아니다. 클릭은 시작일 뿐, 구독과 재방문이 브랜딩의 핵심이다. 검색 결과로 내 콘텐츠를 한 번 본 사람은 정보를 얻는다. 하지만 다음 콘텐츠도 기대하게 만드는 사람은 '브랜드'가 된다. 이 차이가 퍼스널 브랜딩의 성공과 실패를 가른다.

[해결법]

- 블로그 구독 유도 문구, 가능하다면 뉴스레터 가입 링크 삽입.
- 유튜브 끝화면에 CTA(CallToAction) 고정.

- 블로그·인스타 콘텐츠 말미에 다음 주제 미리보기 또는 관련 내부 백링크 제공.
- 브랜드 팬덤 유입 구조 (카카오채널, 이메일 자동화, 카페 등) 설계.

브랜딩은 절대 한 방의 마법이 아니다.

하지만 구조를 알면, 누구나 계속 나오는 사람이 될 수 있다.

당신이 여기까지 왔다면, 실패는 단지 과정일 뿐.

이제, 진짜 검색의 세계는 당신에게 열린다.

---
3. 실패를 반전시키는 실전 리커버리 8가지 전략

벅벅

:: 전략 1. 정체성 키워드가 모호하거나 없다
→ '단 하나의 문장'으로 명확하게 정리하라!

ChatGPT나 생성형 AI에게 "나의 정체성을 표현할 수 있는 한 문장을 만들어줘"라고 명령하되, 본인의 경력, 타겟, 해결해 줄 수 있는 문제, 사용하는 언어 톤을 포함하도록 한다.

정체성 리커버리 문장을 3개의 키워드로 정리한다. 본문의 정체성 키워드 프롬프트를 활용하면 좀 더 쉽게 도출할 수 있다. 이 정체성 리커버리 문장과 정체성 키워드는 모든 채널 프로필, 자기소개, 글 서두, 유튜브 소개란에 반복 삽입한다.

(예시) 리커버리 문장과 단어
- "도시를 떠난 퇴사자, 이제는 지방에서 브랜딩을 가르치는 작가로 살아갑니다."
- "퇴사 후 브랜딩창업 작가"

:: 전략 2. 타겟 오디언스가 뚜렷하지 않음
→ '한 명만 떠올려서' 말하라

실존 인물 한 명을 타겟으로 설정하자. 가족, 친구, 동료 중 내 콘텐츠에 실제 반응을 줄 수 있는 사람이면 좋다.

그 사람이 검색할 법한 문장을 적고, 콘텐츠 서두에 그들의 고민을 대변하는 문장으로 시작하라.

(예시)

- "퇴사하고 뭘 해야 할지 모르겠다는 너에게. 나도 그랬어."

:: 전략 3. 키워드가 없거나, 너무 많거나
→ 3개 키워드만 '전략적 반복'하라

키워드는 정체성을 반영하고, 오디언스가 검색할 수 있으며, 네이버에 적게 쓰인 단어를 조합해 선정한다.

블로그/인스타/유튜브 등 모든 콘텐츠의 제목, 소제목, 해시태그, 본문에 이 3개 키워드를 변주하며 반복한다.

(예시)

- '퇴사', '브랜딩', '지방창업', '브랜딩창업', '브랜딩창업작가'

:: 전략 4. 브랜드 메시지가 일관되지 않음
→ '디지털 아카이브 통일'부터 하라

자신의 정체성 키워드가 들어간 대표 콘텐츠 3개를 선정한 후, 모든 채널에 연결한다.

채널별 프로필 문구, 커버 이미지, 링크트리 등을 통일감 있게 재정비한다.

[검사법]

- 모바일 네이버에서 본인의 이름을 검색해 보고, 상위 5개 노출 페이지의 '문구 톤과 메시지'가 일관적인지 확인하라.

:: 전략 5. 일기처럼 쓰는 감성글
→ 공감 질문 + 구체적 팁으로 전환하라.

콘텐츠는 질문으로 시작하라. "나만 그런가요?" "당신도 이런 고민 있나요?"

본문에는 해결 과정과 개인 경험을 서사로 제시하되, 마지막에는 반드시 요약된 팁을 정리한다.

글의 흐름은 공감 질문 → 나의 경험 → 내가 실천한 것 → 당신도 할 수 있는 3단계로 구성한다.

:: 전략 6. 구조 없이 작성
→ '검색 콘텐츠 3단계 공식'에 따라 재작성

제목: 검색 유도형

서두: 공감문장 + 핵심 키워드 노출

본문: 구체적 경험 + 키워드 반복 + 해결책 구조화

끝: 요약정리 + CTA(검색 유도, 댓글 유도 등)

(예시)

- "퇴사 후 막막한 당신, 브랜딩으로 삶을 돌파한 3단계 방법" → '퇴사 후 불안'이라는 감정과 '브랜딩'이라는 해결책을 키워드화.

:: 전략 7. 플랫폼 연동 안 함
→ 네이버 검색 노출 설정 체크리스트 실행

- 블로그: 네이버 블로그 외 사용 시 웹마스터 도구 등록 필수
- 브런치, 노션: RSS 주소 등록 → 네이버 서치어드바이저에 등록
- 유튜브: 영상 제목에 키워드 포함 + 설명란에도 동일 키워드 삽입

:: 전략 8. 제목이 감성적
→ '질문형 or 변화형' 키워드로 재작성

"햇살 속에서" → "퇴사 후 글쓰기, 나를 지킨 루틴 3가지"

"오늘도 기록합니다" → "퇴사 3개월 차, 블로그를 쓰며 달라진 3가지"

[제목 공식]

- [문제 상황] + [변화 방향] + [구체 수치 or 결과 예고]

4. 『내 이름 네이버에 벅벅 도배하기』 31일 퍼스널브랜딩 챌린지

벅벅

:: 1주차: 현실 점검과 정체성 설계 (1부 중심)

Day 1: 내 이름 검색 결과 스크린샷 찍기

현재 네이버에서 내 이름으로 어떤 정보가 나오는지 객관적으로 파악한다.

☐ 네이버에 내 이름을 검색한다

☐ 상위 3페이지까지 어떤 콘텐츠가 나오는지 분석한다

☐ 나와 무관한 정보가 노출되는지 확인한다

☐ 나온 정보와 안 나온 정보를 비교

- 팁: 검색 결과에서 동명이인이 뜬다면, 지금이 기회. 나만의 공간을 만들 차례!
- 결과물: 전후 비교용 스크린샷, 현재 검색 결과 분석표 작성

Day 2: '존재감 테스트' 결과 작성

나의 온라인 존재감 평가표 체크 (예: 블로그 있음? 기사 있음?)

☐ 나와 유사한 직종의 인물을 검색

☐ 어떤 키워드와 콘텐츠로 노출되고 있는지 관찰

☐ 이름 검색 시 1페이지 진입 여부 확인

- 실행 팁: "이름 + 직업"으로 조합해 검색해 보자.
- 결과물: 벤치마킹 인물 리스트 & 요약정리

Day 3: 디지털 발자국 맵 만들기

내 이름으로 검색될 수 있는 모든 채널과 콘텐츠를 목록화하고, 관리 가능한 구조로 정리한다.

- ☐ 내가 운영 중인 채널을 모두 적는다 (블로그, 인스타그램, 유튜브, 카페, 뉴스 등)
- ☐ 각 채널의 활동 빈도(주 1회/월 2회 등)와 최근 게시물 날짜를 점검
- ☐ 채널별 주요 키워드와 노출 콘텐츠 유형 정리
- ☐ 콘텐츠가 내 정체성과 일관성 있게 연결되는지 확인

- **실행 팁**: '온라인 냉장고 정리'라고 생각해 보자. 자주 쓰는 채널, 방치된 채널, 활용 가능한 채널로 분류하면 정리가 쉬워진다.
- **결과물**: 디지털 발자국 맵 시트 1부 (채널 목록 + 키워드 + 콘텐츠 상태 정리표)

Day 4: 정체성 키워드 3개 도출

나만의 정체성 키워드 3개 선정

- ☐ 본문에서 제공한 정체성 키워드 생성 질문지 작성
- ☐ 키워드 조합해 스토리가 되는 한 줄 정체성 만들기
- ☐ ChatGPT에게 내 소개를 기반으로 정체성 키워드 추천받기

- **실행 팁**: AI와 대화하며 키워드를 테스트해 보자
- **결과물**: 나만의 정체성 키워드 3개

Day 5: 타겟 오디언스 구체화하기: 페르소나 설정

나의 콘텐츠를 검색할 사람은 누구인가?

☐ 내 콘텐츠를 가장 필요로 할 사람은 누구인가?

☐ 그 사람은 어떤 문제와 욕망을 가지고 있는가?

☐ 나이, 직업, 고민, 사용하는 검색어 등 구체적인 '페르소나' 작성

- 실행 팁: "내 콘텐츠를 왜 검색할까?"라는 질문을 계속 던져 보자
- 결과물: 타겟 페르소나 1명 이상 작성

Day 6: 실패한 검색 사례 분석하기

검색이 안 되는 유명인의 사례를 통해 검색 실패의 공통점을 파악하고, 나에게 적용할 개선 포인트를 정리한다.

☐ 온라인상에서 유명하지만 네이버 검색에 잘 뜨지 않는 인물 2~3명 선정

☐ 그들이 검색되지 않는 이유(콘텐츠 부재, 키워드 불일치, 채널 분산 등) 분석

☐ 그들의 실패 요소와 나의 현재 상태를 비교

☐ 내가 적용할 개선 전략 3가지 도출

- 실행 팁: 검색어는 "이름 + 키워드", "이름 + 직업", "이름 + 기사" 등으로 조합하면 사례를 더 쉽게 찾을 수 있다.
- 결과물: 실패 사례 분석 시트, 나의 개선 전략 정리표

Day 7: 1주차 리마인드 + 점검표 작성

1~6일 동안의 실행 결과를 정리하고, 나만의 퍼스널 브랜드 정체성을 문장으로 완성한다.

☐ Day1~Day6의 결과물 다시 정리 및 체크

☐ 정체성 키워드 2~3개로 요약

☐ 타겟 오디언스 한 문장으로 정리

☐ 나의 브랜딩 슬로건 1줄 완성 ("나는 누구에게 무엇을 주는 사람이다")

- 실행 팁: 타인의 마음을 움직이기 위해서는, 나의 말에 스스로가 먼저 설득돼야 한다. 거창하지 않아도 진심이면 된다.
- 결과물: 퍼스널 브랜드 정체성 요약 시트, 나만의 브랜드 슬로건 1줄 완성

:: 2주차: 콘텐츠 전략 설계와 키워드 세팅 (2부 중심)

Day 8: 핵심가치 키워드 5개 뽑기

나의 콘텐츠 핵심 메시지를 선별하고, 검색형 키워드로 번역한다.

☐ 나의 정체성에서 파생된 핵심 메시지 5개 도출

☐ 각 메시지를 타겟 오디언스의 검색어로 재구성

☐ 키워드가 '변화 지향적'인지 확인 ("~하는 법", "~하는 이유" 등)

- 팁: "정보보다 변화"에 집중하자. '심리학자'보다 '불안 극복법'이 더 클릭된다.
- 결과물: 핵심 메시지 & 검색형 키워드 매칭표

Day 9: 네이버 인기 검색 키워드 조사

내 콘텐츠와 연관된 키워드의 검색량, 난이도를 데이터로 확인한다.

☐ 네이버 키워드 도구 또는 데이터랩 접속

☐ 내가 선택한 키워드의 월간 검색량과 경쟁도 확인

☐ 고경쟁 키워드는 유사 키워드로 대체할 수 있는지 검토

- 팁: 연관 검색어/시소러스 키워드를 활용해 롱테일 전략 구사
- 결과물: 키워드 데이터 정리표 (검색량, 난이도, 대체 가능 키워드 포함)

Day 10: 네이버 알고리즘이 좋아하는 구조 만들기

네이버 알고리즘에 적합한 글의 구조를 설계한다.

☐ 검색 유도형 제목 3개 작성 ("~하는 법", "~이유" 포함)

☐ 공감형 서두 문장 작성 ("당신도 이렇지 않나요?" 등)

☐ 내 경험 중심의 본문 줄거리 초안 작성

- 팁: 공감형 서두는 '감정'을 건드리고, 본문은 '경험'을 팔아야 한다.
- 결과물: 콘텐츠 구조 스케치 노트 3건

Day 11: 블로그 개설 또는 리디자인

나의 이름과 키워드를 중심으로 디지털 아카이브의 본진을 구축한다.

☐ 블로그 개설 or 기존 블로그 리디자인

☐ 블로그 이름에 키워드 삽입 ("브랜딩하는 김대표의 일상")

☐ 프로필, 소개글, 카테고리 명칭에 키워드 반영

☐ 주 1회 이상 콘텐츠 발행 루틴 세우기

☐ 같은 키워드로 블로그·인스타·유튜브 연계 기획

- 팁: 네이버 블로그는 '카테고리명'만 잘 정리해도 검색률이 달라진다.
- 결과물: 블로그 메인 설정 완료 스크린샷

Day 12: 내 이름으로 블로그 첫 글 작성

검색될 수 있는 콘텐츠의 첫 단추를 끼운다.

☐ Day 8에서 정한 키워드 중심의 제목 작성

☐ 내 브랜드 정체성을 소개하는 글 1편 작성

☐ 제목, 첫 문단, 중간 소제목, 결론에 키워드 삽입

- 팁: 블로그 첫 글은 '이 사람 누구지?'라는 검색자의 질문에 답하는 글이다.
- 결과물: 블로그 첫 게시글 URL 저장

Day 13: 2주차 콘텐츠 1개 이상 추가 작성

반복성과 일관성을 갖춘 키워드 콘텐츠를 또 하나 제작한다.

☐ 핵심 키워드 중 1개를 중심으로 글 주제 설정

☐ 연관 키워드 2개 이상 서브로 활용

☐ 태그, 카테고리, 제목에도 키워드 삽입

☐ 검색되는 콘텐츠 구조(제목-공감-스토리-전문성-요약) 적용

☐ 내 콘텐츠 루틴 구조 계획 만들기

- 팁: 포스팅은 길이보다 키워드 위치가 중요! 제목-첫 문단-태그 삼박자 필수
- 결과물: 내 콘텐츠 루틴 구조표, 2주차 블로그 콘텐츠 1편 추가

Day 14: 키워드 중심 콘텐츠 점검

내 콘텐츠가 검색 구조에 잘 타고 있는지 점검하고, 개선 포인트를 찾는다.

☐ Day 12, 13의 포스팅에서 키워드 노출 위치 점검

☐ 키워드별 1개씩 대표 콘텐츠 기획

☐ 제목, 서두, 태그, 소제목에 등장한 횟수 기록

☐ '네이버 검색 유입 수' 스프레드시트 제작

- 팁: 검색 유입 수는 3일~7일 후 반영됨. 초기엔 구조를 먼저 잡는 게 핵심
- 결과물: 콘텐츠 점검표 & 유입 추적용 스프레드시트 초안

:: 3주차: 실전 전략 실행하기 (3부 중심)

Day 15: 나의 온라인 프로필 1차 최적화

내 이름으로 신뢰감 있게 검색되도록 프로필 정비.

☐ 블로그/인스타/링크트리/프로필 소개글 통일

☐ 정체성 키워드 포함한 소개문 작성

☐ 프로필 사진, 닉네임도 정체성과 일관되게 설정

☐ 실명, 직업, 활동분야를 키워드 중심으로 작성

☐ 내 활동과 연관된 키워드, 연관 검색어 정리

- 팁: 이름만 뜨는 프로필은 의미 없다. 반드시 정체성과 키워드가 함께 노출되어야 검색에 효과적이다.
- 결과물: 등록 완료된 프로필 캡처 + 연관 키워드 목록 + 정체성 기반 온라인 소개문

Day 16: 스마트플레이스 등록하기

오프라인 공간이 없어도 '나'를 위한 디지털 공간을 만든다.

☐ 스마트플레이스 등록 페이지 접속

☐ 스마트플레이스의 도구들을 최대한 작성 및 등록

☐ 설명문에 핵심 키워드 3개 포함해 작성

☐ 대표 사진 3장 이상 업로드

- 팁: '공간'이 아니라 '정체성'을 브랜딩하라. 상담실, 코칭룸, 작가방 등 컨셉 명확하게
- 결과물: 등록 완료 스크린샷 + 설명문 복사본

Day 17: 인스타그램 바이오 정리

SNS 대표 채널을 브랜딩 관점에서 재정비한다.

☐ 인스타그램 프로필 바이오에 정체성 키워드 삽입

☐ 통일된 해시태그 3~5개 선택 (#퇴사브랜딩 #1인브랜드 등)

☐ 블로그, 유튜브, 스마트플레이스 등 링크 연결

- 팁: 바이오에는 '한 줄 설명'보다 '검색될 키워드' 중심으로 작성하라
- 결과물: 인스타 바이오 캡처 + 연결 링크 정리표

Day 18: AI 활용 콘텐츠 1개 제작

AI를 활용해 효율적으로 콘텐츠 생산을 체험해 본다.

- ☐ ChatGPT, Claude, Bing, Perplexity 중 1개 선택
- ☐ 내 키워드와 정체성 포함한 프롬프트 템플릿 활용하기
- ☐ 나의 핵심 키워드가 포함된 콘텐츠 글 1편 생성
- ☐ 생성된 글을 가볍게 수정해 블로그에 업로드

- 팁: 프롬프트는 구체적으로! "브랜딩하는 전직 직장인" + "퇴사 후 전략" 같이 상황을 입력
- 결과물: AI 작성 콘텐츠 게시글 URL 또는 원고 파일

Day 19: 지식인 답변 3개 작성

'전문가'로 인정받는 디지털 족적 만들어 전문가로서의 존재감을 검색 결과에 직접 새긴다.

- ☐ 네이버 지식인에서 정체성 관련 질문 3개 찾기
- ☐ 진심 어린 답변, 정보성 글로 작성
- ☐ 내 블로그 콘텐츠와 자연스럽게 연결
- ☐ 전문성 있는 답변 작성 + 키워드 자연 삽입
- ☐ 답변 작성 후 스크린샷 저장

- 팁: 답변 말미에 "도움이 됐다면 블로그 참고하세요"는 효과적인 문구로 블로그나 스마트플레이스 링크 삽입한다.

- 결과물: 작성한 답변 3개 URL + 캡처 이미지

Day 20: 유튜브 영상 대본 스크립트 작성

내 이름으로 검색될 수 있는 영상 콘텐츠 대본을 준비한다.

☐ 1분 이내 영상 스크립트 작성

☐ '타겟의 문제 해결' 중심의 콘텐츠 1개 구상

☐ 제목, 설명문, 썸네일 문구에 키워드 반영

☐ 콘텐츠 흐름: 문제 제기 - 공감 - 해결법 - 실전 팁

☐ 영상 말미에는 검색 유도 문장 삽입 ("제 이름 검색해 보세요")

- 팁: 직접 찍지 않아도 된다. 대본부터 완성하면 콘텐츠 제작이 쉬워진다
- 결과물: 영상 대본 파일 + 시각적 구성안 초안

Day 21: 유튜브 영상 1편 촬영·업로드 및 3주차 점검표 정리

영상 콘텐츠로 신뢰와 존재감 확보하고 지금까지 실전 실행한 모든 기록을 정리하고 키워드 반복 여부를 점검한다.

☐ 기획한 내용에 따라 3~5분 영상 촬영

☐ 영상 제목, 설명, 해시태그에 키워드 삽입

☐ 썸네일에 강렬한 문구 포함

- ☐ 네이버, 블로그, 인스타, 스마트플레이스 등 콘텐츠 수 정리
- ☐ 사용된 키워드별 노출 횟수 집계
- ☐ 채널별 브랜드 일관성 체크

- 팁: 영상은 스마트폰 하나로도 충분하다. 3주차 점검표는 구글 스프레드시트를 활용하면 다음 주 분석도 수월하다.
- 결과물: 유튜브 브랜딩 영상 1편, 콘텐츠 목록표 + 키워드 사용량 추적표

:: 4주차: 시너지 전략과 콘텐츠 최적화 (3부+4부 중심)

Day 22: 보도자료용 콘텐츠 작성 및 발송

실행 목표: '나'를 언론에 노출할 기초 콘텐츠 만들기

- ☐ 타겟 독자가 흥미 가질 '나의 이야기' 구성
- ☐ 키워드 중심으로 제목·본문 작성
- ☐ 사진 1장, 인용 문장 포함
- ☐ 보도자료 언론사에 발송 또는 외부 의뢰

- 실행 팁: 기존 뉴스 기사 스타일을 분석해 보자
- 결과물: 보도자료

Day 23. '검색되는 글쓰기' 루틴 정리

내 콘텐츠의 문장 패턴 정형화 및 콘텐츠 루틴 실행

☐ 제목-질문-경험-해결-요약 흐름 정리

☐ 키워드가 반드시 포함되는 위치 표시

☐ 반복 가능한 글쓰기 포맷 템플릿 작성

- 실행 팁: 성공했던 콘텐츠를 역으로 분석해 보자
- 결과물: 나만의 글쓰기 공식을 적용한 실행

Day 24: 네이버 인물정보 등록 준비

실행 목표: '공식 인물'이 되는 첫 관문 통과

체크리스트:

☐ 등록용 프로필 사진, 소개글 준비

☐ 증빙 자료: 강의, 출간, 기사 스크랩 정리

☐ 네이버 고객센터에 인물정보 요청 메일 준비

- 실행 팁: 언론보도 1건만 있어도 승인 확률이 올라간다.
- 결과물: 인물정보 등록 신청 준비 완료

Day 25: 구글 애널리틱스 or 네이버 애널리틱스 연동

내 브랜딩 자산이 어디서 어떻게 반응하는지 수치로 확인한다.

☐ GA4 또는 네이버 애널리틱스 계정 연동

☐ [유입 경로, 페이지뷰, 이탈률 등 주요 지표 체크

☐ 반응 높은 콘텐츠, 유입 많은 키워드 기록

- 팁: 수치는 거짓말하지 않는다. 반응 높은 포맷과 키워드에 집중하라
- 결과물: 애널리틱스 대시보드 캡처 + 유입 키워드 리포트

Day 26: 네이버 검색 결과 모니터링

채널 간 키워드 흐름 점검 및 내 콘텐츠의 검색 결과 위치 파악

☐ 내 이름, 키워드로 직접 검색

☐ 검색순위 캡처 및 변화 기록

☐ 노출되지 않는 키워드 개선 필요성 분석

☐ 링크, 해시태그, 소개문 통일 여부 확인

☐ 중복 콘텐츠 아닌 시너지 콘텐츠로 재배열

- 실행 팁: 애널리틱스에서 검색하면 실제 유입 기준 확인 가능
- 결과물: 나의 검색 현황 캡처 및 리포트

Day 27: 4주차 통합 리포트 정리

지금까지 해온 나의 퍼스널 콘텐츠 아카이브 점검하고, 인사이트를 도출한다.

☐ 콘텐츠별 클릭 수, 검색 노출량 정리

☐ 키워드별 반응 정도 분석

- ☐ 가장 높은 성과를 낸 채널과 콘텐츠 확인
- ☐ 콘텐츠 개수, 포맷, 주제 정리
- ☐ 채널별 콘텐츠 편차 확인
- ☐ 보완 필요한 분야 추가 콘텐츠 계획

- 팁: 숫자를 보면 전략이 보인다. 반응 좋은 콘텐츠를 재활용하라
- 결과물: 콘텐츠 아카이브 목록표 + 콘텐츠별 성과표 + 반응형 키워드 리스트

Day 28: 무료광고 채널 점검

돈 안 들이고 나를 알릴 수 있는 외부 채널을 적극 활용한다.

- ☐ 신문 칼럼, 지자체 커뮤니티, 공공 블로그 등 검색
- ☐ 1곳 이상에 나를 소개하는 글 작성해 게재
- ☐ 키워드 삽입은 필수!

- 팁: 가장 저평가된 고효율 전략은 '협업 채널을 이용한 브랜딩'이다
- 결과물: 게시된 소개 글 URL + 원고 파일

:: 5주차: 수익화 설계와 브랜딩 지속 전략 (5부 중심)

Day 29: 수익화 전략 1개 설계

지금까지 쌓은 브랜드 자산을 바탕으로 실질적 수익 모델을 만든다.

- ☐ 강의 / 컨설팅 / 출판 / 제휴 / 팬덤 중 1개 수익 모델 선택
- ☐ 해당 모델의 타겟 고객층 정의
- ☐ 서비스 또는 제품 형태(이름/콘셉트) 구체화
- ☐ 채널(오프라인/블로그/플랫폼 등)과 가격대 설정

- 팁: "이걸로 돈 벌 수 있을까?"보다 "누가 이걸 기다리고 있었을까?"라는 질문을 던져보자
- 결과물: 나의 수익모델 캔버스 (타겟-상품-채널-가격 구조표)

Day 30: 내 이름 검색 리허설 & 브랜딩 피드백 받고 개선안 설정

지금까지의 여정을 정리하며 나만의 브랜딩 보고서를 완성한다.

- ☐ 이름 검색 결과 1페이지 구성 확인
- ☐ 정체성·키워드·신뢰도 모두 반영되는지 확인
- ☐ 주변인 3명에게 내 콘텐츠 평가 요청
- ☐ 지금까지 제작한 콘텐츠 목록 (블로그 글, 이미지, 영상 등)
- ☐ 채널별 운영현황: 블로그, 인스타, 유튜브 등
- ☐ 가장 높은 반응을 얻은 콘텐츠는 무엇이었는가?
- ☐ 앞으로의 보완 포인트와 개선 전략

- 팁: 이 리포트는 '투자 유치용', '콜라보 제안서', '출판 제안서'

로도 확장 가능하다
- 결과물: PDF 또는 PPT 형태의 나만의 브랜딩 리포트

Day 31: 보너스 챌린지 – 브랜드 자산 고도화

브랜딩을 진짜 자산으로 만들기 위한 확장 액션을 실행한다.

☐ 나의 이름 또는 정체성 키워드로 도메인 구매 시도 (예: yourname.kr)

☐ 네이버 인물정보 공식 등록 신청 진행

☐ 내가 만든 콘텐츠로 강의/출판 기획안 초안 작성

- 팁: 검색은 끝이 아니라 시작이다. 지금부터는 '찾게 되는 사람'에서 '기억되는 사람'으로
- 결과물: 도메인 구매 확인서, 인물정보 신청 캡처, 강의 or 출판 기획서 1페이지 요약본

5.『내 이름 네이버에 벅벅 도배하기』31일 챌린지 자동알림 세트

벅벅

당신을 너무 믿지 말라! 중간에 챌린지를 포기하지 않도록 도와줄 수 있는 도구를 세팅해서 활용하기를 강력히 추천한다. 카카오채널의 자동알림이나 카카오톡 개인창의 예약메세지 또는 스마트폰의 문자예약서비스 마지막으로 캘린더의 스케줄 알림 기능을 이용해서 매일매일 챌린지 내용을 확인해 주도록 세팅을 해 두길 바란다.

:: Day 1 [내 이름 검색부터 시작합니다]

오늘은 당신의 이름이 검색창에 어떻게 등장하는지 객관적으로 바라보는 날입니다. 지금 당장 네이버에서 내 이름을 검색하고, 스크린샷과 분석표를 남겨보세요!

"당신의 이름은 누군가에겐 첫인상입니다."

::Day 2 [온라인 존재감 테스트]

유사 업계의 인물과 나를 비교해 보세요. 나의 존재감은 어디쯤일까요? "이름+직업"으로 검색하고, 벤치마킹 인물 리스트를 정리해 보세요. 검색되지 않으면 존재하지 않는 거다."

:: Day 3 [디지털 발자국 정리의 날]

흩어진 채널을 정리해야 퍼스널 브랜드가 선명해집니다. 블로그, 인스타, 유튜브, 카페까지, 내 채널을 전부 목록화하세요!
"흔적은 많지만, 의미 없는 건 존재하지 않는다."

:: Day 4 [정체성 키워드 3개 도출하기]

내 브랜드의 핵심 키워드는 무엇인가요? 오늘은 나를 설명하는 단어를 찾는 날! AI도 활용해 보고, 나만의 정체성 키워드 3개를 도출하세요.
"키워드는 나를 여는 마스터키다."

:: Day 5 [타겟 오디언스 정하기]

누가 나를 검색할까요? 오늘은 그 사람을 구체화하는 날입니다. 타겟 페르소나를 구체적으로 1명 이상 작성해 보세요.
"모든 사람에게 말하면, 아무도 듣지 않는다."

:: Day 6 [실패한 검색 사례 분석]

검색이 안 되는 유명인, 왜 그럴까요? 그들의 실패에서 나의 개선 포인트를 도출하세요!
"성공은 모방보다, 실패에서 배운다."

:: Day 7 [1주차 점검과 슬로건 만들기]

당신의 퍼스널 브랜드 정체성을 한 문장으로 정리할 시간입니다. 키워드, 오디언스 정리 후 나만의 슬로건을 완성하세요.
"내 이름, 한 줄로 정의할 수 있어야 한다."

:: Day 8 [핵심가치 키워드 5개 설정]

정보가 아닌 '변화'를 전달할 키워드를 설계하세요. 검색형 키워드로 바꿔서 5개 도출해 보세요.

"사람은 정보를 찾지 않는다. 변화를 검색한다."

:: Day 9 [인기 검색 키워드 데이터 조사]

감이 아니라 데이터로 키워드를 고를 차례입니다. 네이버 키워드 도구나 데이터랩을 활용해 검색량을 확인하세요.

"검색량은 감이 아니라 숫자다."

:: Day 10 [검색되는 콘텐츠 구조 만들기]

제목공감스토리전문성! 검색이 잘 되는 글은 구조가 있다. 최소 3개의 콘텐츠 스케치를 완성하세요.

"내용보다 구조가 검색을 좌우한다."

:: Day 11 [블로그 리디자인 또는 개설]

당신의 이름으로 검색되는 본진을 세울 시간입니다. 블로그를 개설하고, 프로필·소개글·카테고리를 정비하세요.

"내 이름의 본진, 검색의 중심은 블로그다."

:: Day 12 [내 이름으로 블로그 첫 글 작성]

이제 실전이다! 정체성을 담은 첫 글을 완성하세요. 키워드 중심 글을 작성해 첫 게시글을 업로드하세요.

"당신을 검색한 사람에게 무엇을 보여주겠습니까?"

:: Day 13 [2주차 콘텐츠 추가 작성]

반복성과 구조가 검색을 이끕니다. 핵심 키워드 1개를 중심으로 콘텐츠 1개 더 작성하세요.

"지속성과 반복은 알고리즘을 설득하는 언어다."

:: Day 14 [키워드 노출 점검]

지금까지 만든 콘텐츠는 검색에 잘 타고 있을까요? 제목첫 문단태그에 키워드가 있는지 점검하세요.

"검색 유입은 구조를 타고 온다."

:: Day 15 [온라인 프로필 최적화]

이제 검색되는 '나'의 얼굴을 정리할 차례예요. 각 채널의 프로필 소개에 정체성 키워드를 삽입하고 통일하세요.

"당신의 프로필은 누군가에겐 처음이자 마지막 기회다."

:: Day 16 [스마트플레이스 등록]

사업자 없어도 '브랜드 공간'을 만드는 게 가능합니다. 스마트플레이스 등록하고 키워드 중심 설명을 넣어보세요.

"당신의 브랜드, 검색되는 공간부터 시작된다."

:: Day 17 [인스타그램 브랜딩]

SNS도 검색을 위한 브랜딩 도구입니다. 인스타 바이오와 해시태그, 링크를 정비하세요.

"감성이 아니라 구조가 검색된다."

:: Day 18 [AI로 콘텐츠 1개 제작]

오늘은 AI가 당신의 콘텐츠 비서를 맡습니다. ChatGPT 등으로 핵심 키워드 중심 콘텐츠 1편을 생성해 보세요.

"글쓰기가 막히는 순간, AI가 당신을 밀어줍니다."

:: Day 19 [지식인 전문가 답변 3개 작성]

전문성은 '보여주는' 게 아니라 '쌓는' 것입니다. 당신의 키워드 관련 질문 3개에 답변을 남겨보세요.

"당신이 답변할 수 있는 질문, 그게 바로 브랜딩의 시작이다."

:: Day 20 [영상 대본 작성하기]

검색되는 영상 콘텐츠는 스크립트부터 시작됩니다. 1분 영상 대본을 키워드 중심으로 써보세요.

"글로 시작된 브랜딩은, 영상으로 기억된다."

:: Day 21 [유튜브 영상 촬영 및 3주차 점검]

당신만의 이야기, 당신의 얼굴로 세상에 보여줄 시간입니다. 유튜브 영상 1편 업로드하고 전체 콘텐츠 현황을 정리해 보세요.

"보이는 브랜드는, 팔리는 브랜드다."

:: Day 22 [보도자료 콘텐츠 작성]

나를 뉴스에 노출시킬 콘텐츠를 만들어보자! 키워드 중심 스토리 구성, 사진 포함 콘텐츠를 완성하세요.

"당신이 언론에 나가야 할 이유는 이미 충분하다."

:: Day 23 [검색되는 글쓰기 포맷 정리]

검색을 부르는 글에는 '형식'이 있다. 제목문제해결요약 구조를 정리해 템플릿으로 만드세요.

"브랜딩 글은 감성이 아니라 구조다."

:: Day 24 [네이버 인물정보 등록 준비]

공식 인물이 되는 문을 열 시간입니다. 프로필, 증빙자료를 정리하고 인물정보 신청을 준비하세요.

"이제 네이버가 당신을 '인정'하게 만들 차례다."

:: Day 25 [애널리틱스 연동]

지금까지 쌓은 성과, 숫자로 확인해야 합니다. 네이버 또는 구글 애널리틱스에 채널을 연결하고 유입 키워드를 확인하세요.

"데이터는 거짓말하지 않는다."

:: Day 26 [검색 결과 실시간 모니터링]

지금, 당신은 어디쯤 노출되고 있을까요? 이름과 키워드로 검색해 결과를 캡처하고 비교하세요.

"당신의 위치를 모르면, 목적지에도 도착할 수 없다."

:: Day 27 [콘텐츠 리포트 작성]

전체 콘텐츠 현황과 키워드 반응을 정리해 보세요. 채널별 콘텐츠 수, 노출 빈도, 클릭률을 기록하세요.

"숫자는 전략을 말해준다."

:: Day 28 [무료 광고 채널 활용하기]

돈 안 들이고도 당신을 알릴 방법은 많습니다. 지자체 블로그, 커뮤니티, 공공채널에 콘텐츠를 올려보세요.

"돈보다 전략이 강한 순간이 온다."

:: Day 29 [수익화 모델 1개 설계]

검색되는 사람에서 '돈 버는 사람'으로 전환하세요. 강의, 코칭, 출판, 제휴 중 하나의 수익모델을 구체화하세요.

"브랜딩은 이름값을 만드는 과정이다."

:: Day 30 [브랜딩 리포트 완성]

당신의 30일 여정을 하나의 리포트로 정리할 시간입니다. 정체성, 키워드, 콘텐츠, 성과를 문서로 정리하세요.

"당신의 브랜드는 이제 하나의 제안서가 된다."

:: Day 31 [브랜드 자산 고도화 보너스 챌린지]

도메인, 인물정보, 콘텐츠 기획까지—이제 자산화입니다. 나의 이름 도메인 확보, 콘텐츠 기획안을 작성해 보세요.

"검색된 당신은, 이제 기억되는 사람이 된다."

1판 1쇄 발행일	2025년 5월 21일

지은이	최병석
펴낸이	황준연
표지 본문 디자인	오형석

펴낸곳	작가의집
출판사등록	2024.2.8(제2024-9호)
주소	제주도 제주시 화삼북로 136, 102-1004
이메일	huang1234@naver.com
연락처	010-7651-0117
홈페이지	https://class.authorshouse.net

ISBN	979-11-990621-7-7 (03040)

· 이 책은 저작권법에 의하여 보호를 받는 저작물이므로
  무단 전재와 복제를 금합니다.
· 파본은 구입하신 서점에서 교환해드립니다.